提升学校
课程领导力的
上海行动

Developing Curriculum Leadership
in Schools: Shanghai Practice

张玉华 ◎ 著

上海科技教育出版社

序

基础教育的课程承载着党的教育方针和教育思想,规定了教育目标和教育内容,是国家意志在教育领域的直接体现,是全面落实立德树人根本任务的基本遵循和重要载体。提升学校课程领导力,是高质量实施学校课程的必备条件和重要保障。

"上海市提升中小学(幼儿园)课程领导力行动研究"是上海基础教育改革发展中的"龙头"项目,发挥着引领、示范和支持作用。自2010年起,上海率先提出"提升学校课程领导力",立足课程基本要素,以"项目"作为推进形式,集聚全市各方力量,合力攻坚课改难点和解决瓶颈问题,在提升学校课程领导力的同时服务全市课程教学改革。对上海而言,提升学校课程领导力并非个别学校独立解决课程问题的行动,而是以项目学校为点、以上海教育为面,系统解决课程改革共性问题的过程;对学校而言,提升学校课程领导力是以校长为核心,发挥学校团队整体合力,实现学校课程价值和目标的过程;对教师而言,提升学校课程领导力是在课程改革的实践中发挥自身专业影响力,内化课程改革理念、实现专业发展的过程。

十余年间,"上海市提升中小学(幼儿园)课程领导力行动研究"项目砥砺前行,已连续完成三轮项目研究,第四轮项目研究正在进行中,越来越多的区、越来越多的学校、越来越多的教师投入其中。该项目研究成果获得2013年上海市级教学成果奖(基础教育)特等奖,2014年基础教育国家级教学成果奖一等奖,在全国产生了一定影响力。现在,提升学校课程领导力,在上海中小学(幼儿园)的校(园)长心里,已不是必须执行的"指令要求",而是有着文化自觉的"办学使命"。

本书作者张玉华老师是上海市教育委员会教学研究室综合教研员,主持推进初中学段"上海市提升中小学(幼儿园)课程领导力行动研究"项目研究。项目推进过程中,她将项目研究与"上海市中考改革背景下的初中教学研究""上海市公办初中强校工程建设"等重点工作相整合,探索"让经验增值""协同攻关案例研究"等跨校、跨区深度研修模式,推动区域、学校之间的教研合作与交流,培育、推广学校和教师的课程智慧,带动了一大批初中学校课程与教学质量的提升。其中,"旨在落实国家课程政策的学校课程规划编制与实施""核心素养导向的跨学科主题学习"等项目研究成果,对于上海课程改革发挥了一定的引领作用。本书是她近十年来潜心研究、努力实践的成果,反映了她对学校课程领导力的理解和思考,也体现了她在提升学校课程领导力方面作出的实践和探索。

学校是教育变革的基本单元,真正的教育变革一定发生在学校内部。本书在学校层面讨论课程改革的发生和发展,服务国家课程方案的高质量实施,在以学生核心素养培育为导向的新一轮基础教育课程改革背景下,具有重要的现实意义和实践价值。本书兼顾理论与实践,尤其凸显对实践的指导性和可操作性。书中所有经验都经过项目学校实践检验,很多策略与方法可以直接迁移和运用,相信对于区域、学校课程改革的推进能够提供借鉴和启发,这也是上海教研成果进一步扩大影响力的重要途径。

教研工作是基础教育高质量发展的重要支撑,也是我国特有的教育体制机制优势。教研员是一份特殊的职业,也是一个特别的群体。可以说,一名教研员就是一本书,展现了一个领域的研究历程;一名教研员也是一面旗帜,引领着一个学段的课程发展;一名教研员更是一支笔,描绘着国家课程改革的未来。

上海市教育委员会教学研究室主任

王 洋

2023 年 8 月

前 言

领导力,最简单的定义是"使人追随",其本质是一种影响力,是动员组织成员共同应对复杂问题、实现组织目标之"道"。这个"道"包括坚持什么理念、采用什么策略、经历什么过程、培养什么能力、追求什么结果等,是一个复杂的综合体,因此也有人说"领导力是一种艺术"。

教育兴则国家兴,教育强则国家强。课程集中体现国家意志,承载国家教育理想,决定中华民族未来。学校课程是学校育人的核心载体,是学校对"培养什么人、怎样培养人、为谁培养人"这一根本问题的具体回答。课程改革背景下,提升学校课程领导力,也是为了探寻如何引领、支持学校教师团队,共同完成课程改革任务,高质量实施国家课程方案,实现国家育人目标之"道"。简单而言,学校课程领导力旨在回答"如何动员学校教师及其他课程相关主体为实现课程目标而共同努力"的问题。

对于任何一个国家的课程改革来说,学校一级的课程实施都是成败之关键。以往国内外无数的课程改革经验已经告诉我们,仅仅依靠外力驱动,学校课程改革难以取得让人满意的效果。因此,提升学校课程领导力,旨在追求学校内在整体性改变。相较于以往从局部突破的学校变革,课程领导力更强调学校课程的系统性改进,关注学校组织内部诸因素之间的联动;相较于以往侧重"成事"的学校变革,课程领导力更强调"成人",教育的复杂性需要每一位教师都能发挥课程领导力;相较于以往由外而内的学校变革,课程领导力更强调从学校内在核心因素出发,注重从课程价值观念向学校课程文化的转化,催生来自学校自身的发展动力。

这是一本写给校长和其他所有关心学校课程改革的教育工作者的书。本书尝试回答"为何要提升学校课程领导力""什么是学校课程领导力""如何提升学校课程领导力"等基本问题,旨在体现以下三个特征。

其一,提升学校课程领导力,倡导一种行动理念。

面对课程改革"理念好,落地难"问题,提升学校课程领导力的第一要务是促进国家课改理念引领下的课程价值认同,将国家"倡导的课程改革理念"真正转化为教师日常"践行的课程教学理念"。通过专业影响的方式,激励每一个课程主体共同努力,达成学校课程目标,建设形成与之相匹配的课程文化。减小从国家理想课程到学生经验课程之间的"课程落差",更好地实现国家育人目标,培养德智体美劳全面发展的社会主义建设者和接班人。

本书第一篇《行动缘起:认识课程领导力》主要从理论和实践两个视角分析提升学校课程领导力的必要性和可行性,阐释对于学校课程领导力的基本认识,建构提升学校课程领导力的"课程愿景-课程制度-课程文化"同心圆实践模型。最内层是课程愿景,是学校课程价值观的"应然"追求;中间层是课程制度,是学校课程价值观的"有形"体现;最外层是课程文化,是学校课程价值观的"实然"状态。"愿景-制度-文化"三者在课程实践中相辅相成、相互促进,共同致力于促进学校课程主体在课程改革理念引领下的课程行动自觉,让课程改革切切实实地发生。

其二,提升学校课程领导力,建构一条行动路径。

本书不仅追求对于"学校课程领导力"理论上的溯源和廓清,而且努力在理论与实践之间搭建桥梁,提供一套有解读、有实例、有方法的行动路径和行动支架,转化理念为行动,赋予行动以方法。每章内容围绕主题,从"为什么""是什么""怎么做"三个方面逐一展开,呈现在读者面前的都是经过实践检验的方法和策略,是从实践中凝练的经验和智慧。每章内容相对独立,读者可以按需选择阅读。

本书第二篇《行动框架:从理念到实践》,基于第一篇提出的学校课程领导力提升"同心圆"实践模型,分别对应模型中的三个关键要素,以"凝聚价值追求的课程愿景""促进政策落实的课程制度""彰显经验共享的课程文化"为主题,进行诠释和说明,提供实践案例和行动逻辑。

在"同心圆"实践模型中,课程制度是最具象的抓手,它承载学校课程价值追求,引领和规范课程实践行为,带动学校课程扎实而有效地持续改进。本书第三篇《行动关键:以课程制度为突破口》,从"学校课程规划一致性的提升与实践""校本教学视导的设计与实施""综合教研制度的建构与创新"三个视角出发，进行介绍和阐释，提供理论依据和实践策略。

其三，提升学校课程领导力，呈现一幅行动图景。

本书所呈现的内容，是基于"上海市提升中小学（幼儿园）课程领导力行动研究"项目十余年的实践探索。自2010年起，上海市教育委员会基于深化课程改革的需要，基于学校内涵发展的需要，基于校长和教师专业发展的需要，先后开展三轮"上海市提升中小学（幼儿园）课程领导力行动研究"，全市228所幼儿园、中小学参与项目研究，第四轮项目研究也已于2023年初启动。本书第四篇《行动提质：市区校三级联动》，从市、区、校三个层面分别呈现上海市提升学校课程领导力的行动图景，介绍了项目研究的推进历程、实践策略和研究成效，辅以相关案例，并加以分析和述评，以期让读者了解上海推进课程领导力项目研究的概貌，为区域、学校课程改革推动者提供参考和借鉴。

本书案例均来自项目学校。书中所呈现的经验成果萃取自所有项目学校的实践研究，但案例的选择并没有追求覆盖更多的项目学校，而是集中于上海市静安区教育学院附属学校、上海市风华初级中学等少数项目学校，主要是为了方便读者连贯阅读，并能进行多维互证，从而有更好的阅读感受。

实践是丰富的，项目成果和经验并不唯一，本书只是局部视角的呈现。领导力是一个复杂的概念，我们也仅仅如盲人摸象般作了一些粗浅的探索。但是"怕什么真理无穷，进一寸有一寸的欢喜"，一路泥泞，却也一路芬芳。学校的发展，学生的成长，总是让人满怀感恩与喜悦。

虽然本书是基于集体项目的研究成果，但书中许多内容仅代表个人观点。囿于笔者的理论功底和研究能力，书中难免存在错误和不足，敬请读者提出宝贵意见。如果书中的一点实践和思考，能够成为大家在探索学校课程领导力道路上的一块小小的"垫脚石"，则倍感荣幸。

张玉华

2023年7月

目 录

第一篇　行动缘起：认识学校课程领导力 / 1

本篇导语 / 2

第一章　学校课程领导力的时代意义 / 4
第一节　国家课程改革的必然要求 / 4
第二节　学校课程发展的内在需求 / 15

第二章　学校课程领导力的理论解读 / 22
第一节　学校课程领导力的理论溯源 / 22
第二节　学校课程领导力的多重解读 / 37

第三章　学校课程领导力提升的实践模型 / 45
第一节　学校课程领导力提升实践模型的建构依据 / 46
第二节　学校课程领导力提升实践模型的要素结构 / 51

第二篇　行动框架：从理念到实践 / 61

本篇导语 / 62

第四章　"领"方向：凝聚价值追求的课程愿景 / 64
第一节　学校课程愿景的要素与特征 / 65
第二节　学校课程愿景的形成与建构 / 71
第三节　学校课程愿景的传播与践行 / 75

第五章 "导"过程：促进政策落实的课程制度 / 87

第一节 学校课程制度对于国家政策落实的价值意蕴 / 88

第二节 保障国家政策落实的学校系列化课程制度 / 92

第三节 促进国家政策落实的学校课程制度探索成效 / 106

第六章 "力"提升：彰显经验共享的课程文化 / 110

第一节 经验共享课程文化的价值与意义 / 111

第二节 经验共享课程文化的过程与策略 / 113

第三节 经验共享课程文化的方法与成效 / 119

第三篇 行动关键：以课程制度为突破口 / 123

本篇导语 / 124

第七章 学校课程规划一致性的提升与实践 / 126

第一节 提升学校课程规划一致性的主要理据 / 126

第二节 提升学校课程规划一致性的实践框架 / 129

第三节 提升学校课程规划一致性的行动策略 / 135

第八章 校本教学视导的设计与实施 / 138

第一节 校本教学视导的基本内涵 / 139

第二节 校本教学视导的要素特征 / 140

第三节 校本教学视导的实践成效 / 144

第九章 综合教研制度的建构与创新 / 147

第一节 综合教研的价值意义 / 148

第二节 综合教研的制度创建 / 151

第三节 综合教研的深度实施 / 156

第四篇　行动提质：市区校三级联动 / 161

本篇导语 / 162

第十章　提升学校课程领导力的市级推进 / 164
　　第一节　上海市提升学校课程领导力项目研究的历程 / 165
　　第二节　上海市提升学校课程领导力项目研究的成效 / 175

第十一章　提升学校课程领导力的区域策略 / 183
　　第一节　区域提升学校课程领导力的实践样态 / 183
　　第二节　区域提升学校课程领导力的行动方略 / 193

第十二章　提升学校课程领导力的学校实践 / 197
　　第一节　学校开展课程领导力项目研究的历程 / 197
　　第二节　学校开展课程领导力项目研究的启示 / 211

后记 / 217

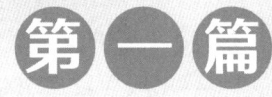

第一篇

行动缘起：
认识学校课程领导力

本 篇 导 语

学校课程领导力既是课程改革中的一个理论课题,也是课程改革中的一个实践问题。近半个世纪以来,随着国内外课程改革和课程研究的不断深入,课程领导的研究从课程管理的研究中分离出来,成为课程研究中一个相对独立的焦点领域。

关于学校课程领导力的研究需要在理论观照下探寻实践中存在的问题及其可能的提升机制,在加深理解学校课程领导力的前提下更好地解决现实问题。本篇主要依循"为什么""是什么""怎么提升"的逻辑,阐释对于学校课程领导力的基本认识。

第一章《学校课程领导力的时代意义》主要回答"为什么"。简要回顾我国基础教育课程改革的推进历程,说明课程领导在我国引起重视的背景和原因,从国家课改落实、学校课程发展两个角度分析提升学校课程领导力的必要性和紧迫性。

第二章《学校课程领导力的理论解读》主要回答"是什么"。在文献研究的基础上,分析学校课程领导力的理论渊源和研究现状,并从基本含义、多元主体、第一要务、实践特征等维度对学校课程领导力作多重解读,以期把握学校课程领导力的发展脉络,深化课程改革背景下对于学校课程领导力的认识和理解。

第三章《学校课程领导力提升的实践模型》主要回答"怎么提升"。基于理论和对实践经验的归纳和提炼,建构学校课程领导力提升"同心圆"实践模型。最内层是课程愿景,中间层是课程制度,最外层是课程文化,立足"三要素"的课程实践共同致力于促进教师对于改革理念的内化并落实到具体课程行动中,让课程改革在校园中扎根生长。

需要说明的是,"课程领导"和"课程管理"既相互联系,又存在本质区别。它们不是非此即彼的关系,而是应该在实践中共同发挥作用。大多数成功的变革都是卓越领导和优秀管理的结合。今天,我们呼唤"学校课程领导力",主要是针对当下学校课程建设中"管理有余,领导不足"的现状,也是为了解决课程改革"理念好,落地难"问题,促进学校课程高质量发展。

课程改革无疑是一场复杂性变革,提升学校课程领导力旨在激发每一所学校、每一位教师投身改革的主观能动性和实践创造力,以应对改革的复杂性,催生学校课程发展的内生力量。课程领导力是学校的"硬本领",更是学校的"软实力",是学校实现可持续发展的核心竞争力。

提升学校课程领导力,是每一所学校需要迎接的时代挑战。

第一章
学校课程领导力的时代意义

自20世纪60年代以来,随着世界范围内此起彼伏的课程改革浪潮,"课程领导"作为一种新的课程管理范式,成为国际课程研究的一个重点领域,推动着教育工作者重新审视课程理论和实践问题。

在我国,"课程领导"的提出往往被直接归因于21世纪初基础教育课程改革中"国家、地方和学校三级课程管理制度"的确立。近20年来,中国教育现代化进程持续深入,基础教育进一步迈向赋权增能、共享治理的新时代,让学校"课程领导"不再只是一种可能,而是成为一种必需。

课程是国家意志在教育领域的集中体现,承载着国家所期待的教育理想、教育目标和教育内容,决定着人才培养的质量,影响着国家和民族的未来。课程也是学校落实立德树人根本任务的重要载体,是支持学生德智体美劳全面发展教育体系的重要组成部分,是学校开展教育教学的基本依据。任何课程改革,学校一级的课程实施都是成败之关键。随着课程改革"理念好,落地难"等问题的凸显,学校需要不断提升课程领导力,逐渐成为大家的共识和追求。

第一节
国家课程改革的必然要求

课程改革是一个复杂的系统工程。从国家理想的课程转化为学生经验的课程,不是一个单向度线性执行的过程,而是多种因素相互作用的共同结果。基础教育改革中,国家不断为学校赋权增能,旨在激发每一所学校和每一名教师的主动性和创造力,凝聚多方力量共同应对课程改革的复杂性挑战。由此,学校不应仅是注重"秩序和效率"的课程管理者,还应是追求"创新与发展"的课程领导者。

2001年,我国全面启动第八次基础教育课程改革,确立了国家、地方、学校三级课程管理制度。课程权力的再分配使学校课程管理内涵由简单变复杂,课程决策、规划、实施和评价等都成为学校课程管理所需系统谋划的关联事项,开展有效的课程领导成为学校落实国家课程改革的必然需求。从"管理"走向"领导",并不是一次追逐"时尚"的话语转换,而是一场涉及学校课程管理理念、制度、行为、文化等各方面的系统性变革。

一、传统的课程管理以科层式管理为主

"课程领导"常常被看作对学校"课程管理"的范式革新。人们习惯于鉴别"领导"与"管理"在概念内涵、角色功能及作用影响等方面的差别,从而凸显两者在理论和实践中业已确立的边界。因此,讨论课程领导,先要从课程管理谈起。

1. 什么是管理

管理起源于人类的共同活动。在古代汉语中,"管"的本义为"钥匙""关键"等,如《左传》中有"郑人使我掌其北门之管"的记载。在《现代汉语词典》(第7版)中,"管"有"管辖""担任(工作)""管束教导"等义,引申为对人、财、物等的掌控与制约。在古代汉语中,"理"的本义是雕琢玉石的工作,如《说文解字》中记有"理,治玉也",后引申为人们所共同遵循的原理、原则。在《现代汉语词典》(第7版)中,"理"有"整理""管理""办理"之义。管理是人类文明程度及其社会性发展到一定阶段的产物。在《现代汉语词典》(第7版)中,"管理"一词有三种含义:负责某项工作使顺利进行;保管和料理;照管并约束。[1]

---

[1] 中国社会科学院语言研究所词典编辑室.现代汉语词典[M].7版.北京:商务印书馆,2016:482.

管理学中如何定义"管理"？"科学管理之父"泰勒(F. W. Taylor)认为管理就是确切地知道你要别人干什么，并使他用最好的方法去干。法约尔(H. Fayol)更加关注管理者应该做什么，提出了管理活动的五项职能——计划、组织、指挥、协调和控制，形成了管理过程学派。"组织理论之父"韦伯(M. Weber)则认为组织活动要通过职务或职位来管理，并提出科层制理论。韦伯把科层制看作一种中性的组织形式，认定其有特定的结构、行为原则和功能，具有专门化、权力等级、规章制度及非人格化四大基本特征。[1]

关于管理的基本职能，目前比较公认的是罗宾斯(S. Robbins)等人归纳的计划、组织、领导和控制四项基本职能。"计划"是指设定目标、制定战略、开发计划以协调活动；"组织"是指决定需要做什么，如何做及谁来做；"领导"是指激励、领导及其他与人有关的行为；"控制"是指监管活动以确保按照计划施行。[2] 由此可见，"领导"本来就是"管理"的基本职能之一。当然，这也是管理学在社会发展背景下，因变革成为常态而在管理学中强化了"领导"这一职能的结果。

综上所述，管理应该包括以下几层基本思想：① 管理是一种社会性共同活动，由一个人或更多的人来协调组织或集体的活动，以便完成个人单独无法完成的工作或任务；② 管理具有目的性，是为了达成特定目标而采取的行动，没有共同目标就不需要管理活动；③ 管理的主要内容是对人、财、物等资源进行计划、组织、领导和控制，使其合理配置以实现共同目标。

2. 什么是课程管理

什么是课程管理？《教育大辞典》中的解释是：课程管理是对课程编订、实施、评价的组织、领导、监督和检查。[3] 钟启泉教授认为，课程管理的核心部分是课程编制，是系统地处理编制技法和人、物条件的相互关系，以教育目标为准绳，加以组织的一连串活动的总称。[4] 廖哲勋教授提出，课程管理是在一定的

---

[1] 宇红.论韦伯科层制理论及其在当代管理实践中的应用[J].社会科学辑刊,2005(3)：183-186.

[2] 罗宾斯,库尔特.管理学[M].刘刚,梁晗,程熙镕,等译.15版.北京：中国人民大学出版社,2022：6-8.

[3] 顾明远.教育大辞典：第1卷[M].上海：上海教育出版社,1990：263.

[4] 钟启泉.现代课程论[M].上海：上海教育出版社,1989：367.

社会条件下,有领导、有组织地协调人、物与课程的关系,指挥课程建设与课程实施,使之达到预定目标的过程。[1]

从管理推演到课程管理,课程管理除了需要囊括管理的基本含义外,还应具备与课程相关的特殊内涵。课程管理是有关部门或机构、人员为了保障课程育人目标达成,对课程的各个运作环节所采取的规划、指导、决策、监督、协调等措施的一种社会性共同活动,包括对课程目标的管理、课程设置的管理、课程实施的管理及课程评价的管理等。课程管理具有目的性,因而与价值判断有关,主要为了达成育人目标。

课程管理是课程系统工程的一个组成部分,事实上,它本身也是一个系统工程,涉及规划、实施、评价等诸多因素,强有力的课程管理可以有效提高课程实施的质量。从管理的层次来看,课程管理包括国家对课程的管理、地方对课程的管理和学校对课程的管理。课程管理也是学校管理的一个重要组成部分,因为国家制定的课程纲领、课程方案、课程标准、课程教材等课程制度和文本的具体实施都要落实到学校、落实到教师、落实到课堂,因而,对课程实施及其实施结果评价的管理是学校管理中最基本的、具有重要意义的内容。[2]

可以说,课程管理一直是我国课程论研究中较为薄弱的一个研究领域。传统习惯将课程管理归入教育管理或学校管理之中,翻阅 2000 年之前出版的课程论著作,很少有专门对于课程管理的论述。但是,如果查阅国内关于"学校管理学"和"教育管理学"的书籍,会发现也很少有关于课程管理的详尽论述。究其原因,或许是课程管理研究的对象比较具体,如课程规划、课程实施、课程评价等,这些问题不可能在教育管理中得到充分讨论。"两边都不管",由此在一定程度上造成对课程管理研究的缺乏。

3. 科层式课程管理传统

长期以来,我国中小学课程管理以科层式管理为主,主要有以下特点:
① 专门化。每个工作岗位按工作类型和目的进行划分,具有清晰的职责范围。

---

[1] 廖哲勋.课程论[M].武汉:华中师范大学出版社,1991:328.
[2] 廖哲勋,田慧生.课程新论[M].北京:教育科学出版社,2003:447.

各个成员接受组织分配的工作任务,按分工原则专精于自己的岗位工作,履行岗位职责。② 权力等级化。所有岗位的组织遵循等级制度原则,上下级之间的职权关系严格按等级划定,下属必须接受上级的命令和监督。③ 规则化。组织的运行,包括成员间的活动和关系都要遵守规章制度,并受其限制。[1]

科层式课程管理传统的形成与教育内部和外部多种因素有关,其中一个比较重要的原因是从1949年新中国成立到20世纪80年代中期,我国中小学课程一直采用国家集中管理的课程政策体系。中小学课程的决策权高度集中在国家,地方和学校很少具有课程决策的空间和权力。学校只拥有一些常规的课程管理权力,如课表安排、教学管理、人事安排等,学校的课程运作更多是执行上级教育行政部门的要求,管理的目标也主要来源于上级的布置。

新中国成立初期,我国经济、教育水平较为落后,以国家集中管理的形式自上而下进行课程管理,既便于实践操作,也有利于教学评价,更有助于实现教育公平。科层式作为一种传统而经典的组织管理形式,在这个过程中充分发挥了精确、稳定、可靠的管理价值。但久而久之,形成了学校课程以外控、事务为主的管理倾向,习惯于僵化、机械地执行上级要求,逐渐暴露出主动性不够、创造力缺失、容易出现形式主义、难以适应社会变化等弊端。

二、科层式管理在课程改革中遭遇挑战

为不断满足人民群众对优质教育的需求,我国持续推进基础教育课程改革。从整齐划一的课程范式走向弹性多元的课程范式,必然触发课程管理形态的根本性改变。传统的学校课程管理模式在课程改革中受到挑战。

1. 三级课程管理制度的确立

随着我国政治、经济体制改革不断深化,我国课程管理体制开始发生根本性改变。1985年颁布的《中共中央关于教育体制改革的决定》首次提出"实行基础教育由地方负责、分级管理的原则,是发展我国教育事业、改革我国教育体制

---

[1] 宇红. 论韦伯科层制理论及其在当代管理实践中的应用[J]. 社会科学辑刊, 2005(3): 183-186.

的基本一环"。1986年颁布的《中华人民共和国义务教育法》第八条规定:"义务教育事业,在国务院领导下,实行地方负责,分级管理。"1986年我国成立了全国中小学教材审定委员会及学科教材审查委员会,根据编审分开的原则,建立了中小学教材审定制度,改变了一套教材一统天下的局面。1999年中共中央、国务院发布《关于深化教育改革 全面推进素质教育的决定》,指出:"调整和改革课程体系、结构、内容,建立新的基础教育课程体系,试行国家课程、地方课程和学校课程。"这标志着我国长期以来实行的国家集中管理的课程政策体系开始向国家、地方、学校分权管理的课程体制过渡。2001年,《基础教育课程改革纲要(试行)》的颁布标志着国家、地方和学校三级课程管理制度正式确立。[1]

三级课程管理制度坚持以国家管理为主,在全国范围内保证全体学生的教育质量和教育公平。对于地域辽阔的我国来说,确立这一前提显得非常重要;同时,也赋予地方和学校一定的课程职责与权力(表1-1)。地方和学校不仅可以在各自的权力和责任范围内进行相应的课程管理与决策,也可在国家给定的课时范围内,开发、规划地方课程和校本课程,发挥各级课程主体的主动性和创造性,提升学校课程的适应性,使学校课程能够更加契合地方社会经济文化发展的水平和特点,也能更好地激发学校的办学追求和满足学生的发展需求。

表1-1 国家、地方和学校三级课程权责分配框架[2]

层级	课程职责与权力
国家	● 制定课程计划和国家课程标准 ● 制定教材编写、审查与选用的政策,并组织审定基于课程标准编写的教材 ● 制定地方和学校的课程管理指南 ● 负责审议地方课程的开发方案 ● 确定基础教育课程的评价制度 ● 监督国家有关课程政策的执行情况,并组织全国性水平测验 ● 根据教育改革和发展需要,修订课程文件

[1] 钟启泉.课程论[M].北京:教育科学出版社,2007:248.
[2] 教育部基础教育司,师范教育司.新课程的领导、组织与推进[M].北京:高等教育出版社,2004:27.

续 表

层级	课程职责与权力
地方	● 制订本地课程计划实施方案 ● 组织审议学校课程实施方案,指导学校具体实施国家/地方课程、选用教材及开发校本课程 ● 开发地方课程 ● 为学校课程实施与开发提供服务,帮助学校解决教育中的问题 ● 对本地课程实施、评价与考试等情况进行监控 ● 整合社会的课程资源,引导各种社会力量参与课程开发与管理 ● 加强教材、教辅用书及其他教学材料的使用管理 ● 组织教师培训
学校	● 制订学校课程实施方案 ● 选用经审查通过的教材 ● 开发校本课程 ● 对课程计划实施、教学、评价与考试、课程资源开发与利用等方面进行自我监控 ● 建立教师、学生、家长及社区代表参与学校课程管理的机制 ● 组织校本培训,建立以校为本的教研制度 ● 为教师教学、学生学习等提供服务

三级课程管理制度的确立,是对学校及校长和教师专业地位的认同,也是我国基础教育课程改革进入全新发展阶段、走向深化的重要标志;同时,也对学校课程管理方式和管理能力提出了更高要求。从整齐划一的课程范式走向弹性多元的课程范式,必然触发课程管理形态的根本性变革,原本单向的、线性的、以追求秩序和效率为主的科层式学校课程管理模式受到挑战。

2. 教育现代化进程的日益深化

中国式现代化包括各行各业的现代化,教育现代化毋庸置疑是中国式现代化的基础,而基础教育现代化则是基础中的基础,课程改革是推进基础教育现代化的核心支点。

我国现代化意义上的课程改革,通常被认为起始于第八次课程改革,即2001年启动的以"三维目标"为标志的新课程改革,宗旨是建立与素质教育相适应的基础教育课程体系。2001年教育部印发《基础教育课程改革纲要(试行)》

和《义务教育课程设置实验方案》，以及各学科课程标准（实验稿），2003年又印发《普通高中课程方案（实验）》和语文等十五门学科课程标准（实验），新课程改革自此在全国全面实施。"上海市提升中小学（幼儿园）课程领导力行动研究"也是在这一轮基础教育课程改革背景下启动的。2007年上海市教育工作会议提出要"提升学校课程领导力"，从2010年起开展大规模实践探索，时至今日，项目还在持续推进。

课程没有最好，只有更好。2014年教育部印发《关于全面深化课程改革 落实立德树人根本任务的意见》，标志着以核心素养为纲的基础教育深化改革拉开序幕。之后相继印发《普通高中课程方案和语文等学科课程标准（2017年版）》，以及《义务教育课程方案和课程标准（2022年版）》，标志着中国基础教育课程改革全面进入核心素养新时代。此刻，我们正站在本轮课程改革全面推进阶段，按照世界范围内大多数国家课程改革基本十年一轮的规律，预计这一轮课程改革也将持续深化推进十余年。

强有力的课程改革不断提升基础教育课程体系的现代化水平，包括：课程思想的现代化，建构德智体美劳全面育人的课程体系；课程目标的现代化，由"双基"到"核心素养"；课程内容的现代化，由学科知识体系到学科育人价值；课程实施的现代化，追求综合性和实践性的教学革新；课程评价的现代化，改进结果评价，强化过程评价，探索增值评价，健全综合评价。[1]每一个课程要素维度的改革理念和要求最终都要落实到学校，落实到课堂，对学校课程改革提出更多期待和要求，"课程领导"在教育现代化进程中显得日益重要。

三、从"课程管理"走向"课程领导"

当今世界，唯一不变的是变化。基于学校课程建设"管理有余，领导不足"的现状，我们大力倡导提升学校课程领导力。当然，课程管理和课程领导的关系不是非此即彼，实践中两者应该并重。

---

[1] 余文森.指向中国式基础教育现代化的课程改革[J].课程·教材·教法，2023(2)：4-8.

1. "领导"与"管理"的区别

讨论"课程领导"和"课程管理"的异同,首先需要辨析"领导"和"管理"。两者之间既有联系又有区别,如前文所述,"领导"本来就是"管理"的基本职能之一。美国哈佛大学教授科特(J. Kotter)对"管理"和"领导"的概念进行了辨析(图1-1),可以发现两者各有侧重。[1]

管理	领导
• 计划与预算 　建立具体的步骤和时间表来取得所需结果,然后配置所需资源来实现结果	• 设定方向 　创立未来愿景(常常是长远的未来)及战略,通过变革以实现愿景
• 组织与人事 　设计组织结构,以满足变革项目的要求;按组织结构配置人员,分配责任和权力来实施项目;制定政策和程序来帮助引导员工;设计方法和制度来监督实施过程	• 协同人员 　用言语和行动向所有需要合作的人沟通愿景方向,帮助人们理解愿景和战略,形成有效的团队和联盟
• 控制与问题解决 　监控结果,找出执行与计划之间的偏差,然后完善计划和组织以解决这些问题	• 激励与鼓舞 　通过满足人们基本但尚未得到满足的需要来激励人们克服变革中遇到的来自资源等各方面的障碍
⬇	⬇
• 有一定程度的可预测性和秩序,并拥有持续产生满足不同利益相关者短期期望成果的潜力	• 促使变革发生,通常是重大的变革;同时,拥有促成根本性变革的潜力

图1-1 "管理"与"领导"的比较

"管理"着重计划与预算、组织及配置人员、控制并解决问题,其主要目的是建立秩序;"领导"着重确定方向、协同关系、激励和鼓舞相关人员,其主要目的是引发变革。两者之间具体可能存在如下一些区别:① 管理是日常性的、非决策性的工作;领导主要是负责方向性的工作,起带领和引导作用。② 从事管理的管理者主要凭借正式职位发挥作用,而进行领导的领导者则主要凭借影响力

---

[1] 科特.领导变革[M].徐中,译.北京:机械工业出版社,2023:25-30.

去发挥作用。管理本质上是一种职能关系,领导本质上则是一种追随关系。③ 管理的科学性大于艺术性,而领导的艺术性大于科学性。管理追求的是精确,领导追求的是创新。④ 管理主要强调控制,侧重从人的行为上进行规范;而领导则更注重从人的内在心理方面去感化人。⑤ 管理通常解决常规问题,具有确定性;而领导则通常处理非常规问题,具有不确定性。⑥ 管理的功能在于维持秩序;领导的作用在于规划愿景、创新求变。⑦ 管理比较重视权力的作用,而领导则重视个人魅力、专业、情感的作用,重视影响力等。所以,有一句流行的话:"管理者面向当下,是做事正确的人;领导者面向未来,是做正确事情的人。"[1]

2. "课程领导"对"课程管理"的超越

同样,课程领导和课程管理的区别主要体现在基本要素所具有的特征上(表1-2)。两者都涉及五个相似的问题:谁来进行课程领导或管理?谁被管理或领导?课程管理和领导主要为了实现什么目标?通过什么途径来实现课程管理或领导?在什么环境下进行课程管理或领导?

表1-2 "课程领导"与"课程管理"的区别

比较维度	课程领导	课程管理
目标	在"规范"和"创新"之间,更注重创新,推动学校课程持续改进,促进学校课程高质量发展,实现组织内人、事、物的共同发展	在"规范"和"创新"之间,强化规范,推动学校课程有序开展,提升教学效率,确保育人目标的落实
领导者(或管理者)和追随者(或被管理者)	所有课程相关人员,在学校层面包括校长、教师、学生、家长、课程专家、社区人员等。在不同情境中,领导者或追随者的角色可以互换	上一级组织结构成员为管理者,下一级组织结构成员为被管理者。下一级不太可能成为上一级的管理者

---

[1] 欧文斯.教育组织行为学[M].窦卫霖,温建平,王越,译.7版.上海:华东师范大学出版社,2001:328.

续 表

比较维度	课程领导	课程管理
影响方式	在权力性影响力和非权力性影响力之间,主要依靠非权力性影响力,如专业威信、个人魅力、激励与鼓舞、专业支持、赋权增能等	在权力性影响力和非权力性影响力之间,主要依靠权力性影响力,如奖赏、惩罚、行政命令、监控等
环境	非线性环境,多元互动,共同建构	线性环境,自上而下地贯彻执行

相对而言,课程管理思想以泰勒的科学管理理论、法约尔的过程管理理论及韦伯的科层管理理论等古典管理学派为依据;而课程领导体现的则是以人为本的管理理念,强调人的主体地位,主张管理者要相信人、依靠人、重视人的发展。正如钟启泉教授所言,"课程领导"必须被理解为并不是在"控制"别人,而是在"引导"别人作出高层次的判断与"自我管理",激励相关人员投入持续成长的生活方式。[1] 课程领导强调"功能"而非"角色"。[2]

3. "课程领导"与"课程管理"并重

课程领导与课程管理既相互关联,又存在本质区别。它们不是非此即彼的关系,实践中"课程领导"与"课程管理"应该共同作用。

就理论而言,课程管理研究者往往把课程领导作为课程管理的一项重要职能或环节进行研究;而课程领导研究者也常常把课程管理的很多工作作为课程领导领域的一部分。"课程管理"与"课程领导"常常被等同混用,课程领导也常被作为课程管理的范式革新。

就实践而言,课程领导和课程管理在课程运作过程中相辅相成,两者互不相同,但各有优势。科特也认为,管理和领导都十分重要,成功的转型项目需要70%—90%的领导和10%—30%的管理,几乎所有成功的变革都是卓越领导和优秀管理的结合。[3] 变革本身也需要管理,没有强有力的管理,转型过程就会

---

[1] 钟启泉.从"课程管理"到"课程领导"[J].全球教育展望,2002(12):24-28.
[2] 格拉索恩.校长的课程领导[M].单文经,等译.上海:华东师范大学出版社,2003:25-26.
[3] 科特.领导变革[M].徐中,译.北京:机械工业出版社,2023:25.

失控。"管理"提供秩序和规范,"领导"促进变革和创新,规范和创新相结合,才能有效推动学校课程高质量发展。

今天,我们倡导大力提升学校课程领导力,主要是因为基于传统惯性,大多数学校课程建设"管理有余,领导不足",课程改革中"管理"的占比远远高于"领导",无法满足国家课程改革持续深化的期待和要求。改革是循序渐进的过程,尤其是对于兼具复杂性、深刻性和广泛性的教育事业,每一步改进都必须谨小慎微。本书所呈现的提升学校课程领导力的上海行动,在一定程度上也体现了"课程领导"与"课程管理"并重的基本认识,结合具体实践情境探索"如何提升学校课程领导力"。

第二节
学校课程发展的内在需求

课程改革持续深化进程中,当国家向学校适量赋权时,学校所要考虑的是如何用好国家所赋予的这部分课程权力,开展基于学校的实践创新,高质量实施国家课程方案,更好地促进学生德智体美劳全面发展,这是每一所学校都必须回答的一个重要命题。当课程改革成为学校常态时,需要进一步激发专业的力量,让每一位教师成为积极的课程领导者。

一、学校成为课程改革实施的主阵地

课程改革既要有国家的顶层设计,又要有学校的高质量实施。实际上,自国家、地方、学校三级课程管理制度确立以来,学校已经成为课程改革实施的主阵地。

1. 高质量开展课程实施是学校基本职责

课程实施(curriculum implementation)既是一个理论问题,也是一个实践性很强的概念。20世纪上半叶,课程实施并未成为课程研究的专门领域。直到20世纪60年代,一场始于美国且影响波及全球的被称为"学科结构运动"的课程改革并未取得预期成效,却引起了人们对课程实施过程的关注与反

思。[1]美国教育家古德莱德(J. I. Goodlad)在20世纪60年代末考察了美国13个州的千余所中小学及幼儿园,得出结论:1969年的情况与20年前大致相同。[2]也就是说,课程改革倡导的理念没有得到有效实施。由此,课程实施才开始以一个专门的研究领域出现在课程研究中。事实上,关于"课程领导"的研究也萌芽于这个时候。

我国对课程实施的研究起步也比较晚。我们对于教学论的研究早于课程论,课程实施常常被等同于课堂教学,或者是作为教学中课程整合的一种途径。进入21世纪后,伴随全国第八次基础教育课程改革的深化,研究者和政策制定者都意识到,再完美的课程改革方案,如果不能很好地落实到课程实施层面,一切都是空谈。[3]课程改革成功的关键不仅是要有好的课程方案、课程标准、课程教材,而且要有持续、深入、能体现课程改革实质追求的课程实施。

课程是在"培养人"这一大的目的之下,根据社会的需要和价值取向所制订的计划。课程运作过程中,本身具有不同层次、不同水平的表现形式,无论是哪个层次和水平的课程,都应该具备具体实施的策略及恰当的评价方法。我国课程改革主要采用"研究—开发—推广"模式,由国家组织课程专家和学科专家针对具体的课程问题及学科问题开展研究,根据研究结果设计出新的国家课程方案和课程标准,开发与之相匹配的教材等资源,然后到学校中推广使用。无论从哪个角度讲,学校层面的课程实施作为课程改革的组成部分,是决定课程改革成败的一个关键性环节。课程集中体现国家意志,承载国家教育理想,一定程度上决定着中华民族的未来,高质量开展课程实施是学校的基本职责。

2. 课程实施与课程改革相伴共生

关于课程实施的内涵,主要存在三种不同的理解。第一种观点认为课程实施是指"变革"在实践中的真正使用或围绕"变革"所发生的一切,是将"变革"付诸实践的过程。持这种观点的学者主要有富兰(M. Fullan)、古德莱德等。富兰

---

[1] Thompson D R. Enacted Mathematics Curriculum: A Conceptual Framework and Research Needs[M]. Charlotte, NC: Information Age Publishing, 2005: 3-7.
[2] 王月胜.简析美国60年代课程改革的失败原因[J].外国教育研究,1996(1):32-35.
[3] 刘月霞.普通高中课程实施策略研究[D].长春:东北师范大学,2015:8.

认为"课程实施不是一个事件,而是一个过程"。第二种观点认为课程实施在于减小现实课程实践与课程方案改革要求之间的差异。这种观点更多关注变革的结果,要求课程实施过程必须朝着改革所建议的方向发展,并且要求改革的结果符合预定的课程方案。第三种观点认为课程实施实际上就是教学。[1] 其中,第一、第二种观点都认为课程实施涉及整个课程改革系统,包括国家、地方、学校乃至课堂等多个层面。

关于课程实施的取向,主要存在三种分类方式。课程专家辛德(J. B. Snyder)等归纳了课程实施的三种取向[2],包括忠实取向、互动调适取向和创生取向(表1-3)。

表1-3 课程实施不同取向的比较[3]

取向	课程方案	实施者的角色	方法	评价
忠实取向	完全确定,不可改变	完全按方案执行	固定	与方案一致性程度越高,实施效果越好
互动调适取向	确定,可根据情况适当改变	需要根据实际情况对方案进行调适	动态、变化	在实际中发生的变化,对方案的调适程度
创生取向	不确定,在实施过程中生成	在实施过程中创造和形成方案	创造性的	方案的形成和实际效果

基于以上分析,提升学校课程领导力的实践研究,关注的是学校层面的课程实施,是将国家课程方案落实到学校、课堂、学生的全过程。如果说新中国成立初期我国的课程实施主要采用"忠实取向",那么21世纪以来的课程改革,国家颁布的课程方案除了刚性的、标准化的、统一的要求外,在校本课程开发、课

---

[1] 尹弘飚.基础教育新课程实施个案研究[D].重庆:西南师范大学,2003:2-5.
[2] Snyder J B, Zumwalt K. Curriculum Implementation[G]//Jackson P W. Handbook of Research on Curriculum. New York: Macmillan Publishing Company,1992:404-418.
[3] 钟启泉.课程论[M].北京:教育科学出版社,2007:207.

程实施等方面都给学校留有很大的自主空间,因此课程实施更多采用"忠实取向"和"互动调适取向"相结合的方式。一方面,学校需要忠实执行国家课程方案,关注学校课程实施成效是否符合国家课程方案要求,保证国家育人目标的实现;另一方面,学校应该立足实际进行校本调适与创新,关注将课程方案付诸实践的全过程,包括影响课程实施的各种因素,让课程更符合本校师生实际和需求。由此可见,课程实施与课程改革是相伴共生的关系,新的课程方案总是蕴含新的理念和新的要求,课程实施的过程就是改革创新的过程,为发生有意义的深刻变化而努力。

二、课程改革面临"理念好,落地难"的困境

课程改革"理念好,落地难"是一个世界性难题。20世纪以来,为契合社会的飞速发展,世界范围内课程改革的频率越来越高。但是,回顾课程改革的历程,人们会发现:改革的频率虽高,取得的成效却不那么显著。前文提到的20世纪60年代欧美等国家持续多年的"学科结构运动"课程改革就是典型的例子。人们开始反思"变革为何难以成功"这一问题,那种认为"只要课程变革计划完善,就可以自然地在实施过程中达到预期结果"的假设受到普遍质疑[1]。

"理念好,落地难"的问题是怎么产生的?当古德莱德发现课程改革中存在"巨大的伪善(great hypocrisy)",即课程改革所宣称的价值和学生经验的价值存在明显差异[2]之后,将课程按作用的不同划分为五个层次[3]。

(1) 理想的课程(ideological curriculum),即指由一些研究机构、学术团体和课程专家提出的应该开设的课程。这种课程的影响取决于是否被官方采纳。

(2) 正式的课程(formal curriculum),即指由教育行政部门规定的课程计划、课程标准和教材,是列入学校课程表中的课程。

(3) 领悟的课程(perceived curriculum),即指任课教师所领会的课程。由

---

[1] 张华.课程与教学论[M].上海:上海教育出版社,2000:330.
[2] 帕克,安科蒂尔,哈斯.当代课程规划[M].孙德芳,译.8版.北京:中国人民大学出版社,2010:43.
[3] 施良方.课程理论:课程的基础、原理与问题[M].北京:教育科学出版社,1996:9.

于不同教师对正式课程会有各种理解和解释的方式,因此教师对课程"实际是什么"或"应该是什么"的领会,与正式的课程之间会有一定的距离,从而减弱正式课程的某些预期影响。

(4) 运作的课程(operational curriculum),即指在课堂上实际实施的课程。观察和研究表明,教师领会的课程与他们实际实施的课程之间存在一定差距,因为教师要根据学生的反应随时作出调整。

(5) 经验的课程(experiential curriculum),即指学生实际体验到的东西。因为每个学生对事物都有自己特定的理解,两个学生听同一门课,会有不同的体验或学习经验。

古德莱德的五级课程层次学说勾勒了课程实施运作的全过程,为我们理解课程改革和课程实施中的"理念好,落地难"问题提供了理论依据。课程实施自始至终是一个动态变化的过程,伴随着不同层次课程的逐级落实,课程行为主体历经多次转换,课程实施的情境也复杂多变,课程落差由此产生。最后表现为课程实施的实际情形与课程理念、课程方案之间的差距,也就是课程改革的预期应然目标与课程实施实然现状之间的落差。

事实上,在我国现行三级课程管理制度下,课程实施过程中除了存在古德莱德所言的五级课程转化外,还存在由"国家课程方案"到"地方课程实施办法"再到"学校课程实施规划"的逐级转化。不同层级的课程通常具有不同的课程主体,不同课程主体的课程价值取向、课程理解、课程经验、课程资源等都会存在一定差异,这又会导致课程方案转化过程出现课程落差。这种差异具有一定的合理性,但差异过大必然会带来上一层级课程方案无法落地的问题。这种"政策难落地"现象在其他国家和其他行业都普遍存在。人们逐步认识到,仅仅依靠自上而下的改革举措,或者采用把教师当作改革客体的"防教师"(teacher-proof)的课程发展策略[1],都难以让新课程在学校"落地生根"。

建构一个多层次的课程领导体系,特别是激发自下而上的学校层面的课程领导力,充分发挥教师在课程改革中的主体性和创造性,或许才是让课程改革

---

[1] 李小红.教师课程创生的合理性辩护[J].教师教育研究,2006(1):24-28.

在学校切实发生的不可或缺的助推力。

三、教师是影响课程改革成败的关键

尽管大家反思之后发现"课程改革难以成功"的原因有很多种,但其中有一条共识:教师是影响课程改革成败的关键。"学科结构运动"课程改革领导者之一的施瓦布(J. Schwab)也提出课程改革需要关注事件过程,需要教师的深度参与。

1. 教师在课程改革推行中至关重要

教师是课程变革的代理人或关键实施者,影响课程变革的顺利推行。[1] 有什么样的教师课程实施,就有什么样的国家课程改革。随着新课程改革的不断推进,教师在课程实施中的主体作用越来越受到重视,教师课程实施研究也开始被关注。

教师的工作具有很强的个体性,正如人们开玩笑说的"教室门一关,就是我们的天下"。我们可以督查部分教师的部分课堂教学,但不可能去督查每一位教师的每一堂课。所以,新课程倡导的理念与设定的目标只有真正转化为教师的思想和行动,新课程改革才能得到有效落实。

2. 争取每位教师成为课程改革的动力

从本质上讲,学校是一个行政权力和专业权力并存的二元结构组织,由此,在学校中并存着两种来自不同权力的管理模式:一种来自行政权力,植根于正式的、集权化的传统科层系统,表现为拥有职位权力的人对教育教学活动的管理和控制;另一种来自专业权力,植根于相对非正式运作的教育教学活动中,表现为拥有专业权威的教师对他人及群体的影响和示范,这种专业权威来源于教师个人所具有的专业知识、能力和素养。以往的课程管理主要依赖行政权力,所以表现为科层式管理。在教育改革不断深入的今天,需要更多依赖每一位教师都可能具有的专业权力,人人成为课程领导者,争取每位教师都成为课程变

---

[1] 曾家延,崔允漷.教师课程实施测评取径抉择:框架比较的视角[J].当代教育科学,2022(11):37-47.

革的动力。课程改革不是"传播—接受"或"推广—运用"的简单线性过程,而是在实施中探索、在行动中丰富的螺旋式发展过程,是观念与行为、理想与现实不断碰撞融合的过程。要变革教育,就要变革学校;要变革学校,就要变革学校中的人;要变革学校中的人,就要变革学校中的人的生活方式。[1]于是,"教学文化""课程文化""教师文化"这些概念被广泛认同。[2]

课程改革的成功推进需要卓越的领导力予以支持和保障。作为我国基础教育课程改革的研究者和亲历者,刘月霞博士在其2015年撰写的论文中指出:总结普通高中课程改革10年间取得的成绩和改革经验,实行课程领导的地方,改革的整体水平就高;具有较强课程领导力的学校,改革效果就好。在我国的国情下实行"课程领导",有助于把课程实施策略从自上而下逐渐转向自下而上,让两者有机结合,形成综合效益。[3]

---

[1] 胡惠闵.学校课程领导力的实践路径:基于学校课程规划编制视角的探索[J].基础教育课程,2014(3):24-29.
[2] 张华.课程与教学论[M].上海:上海教育出版社,2000:330.
[3] 刘月霞.普通高中课程实施策略研究[D].长春:东北师范大学,2015:130.

第二章
学校课程领导力的理论解读

领导是一种普遍的社会现象,人类社会对英雄的崇拜和对领袖人物的关注是恒久的事实,长期以来吸引着来自不同学科、不同领域研究者的持续探讨。从传统的领导特质理论、领导行为理论和领导权变理论,到现代的魅力型领导、变革型领导、愿景型领导等,关于领导和领导力的研究已有百余年历史。

然而,"领导力"至今仍是一个众说纷纭的概念,有人说是一种影响力,有人说是一种能力,有人说是一种过程,也有人说是一种艺术。同样,在课程教学领域,校长课程领导力、学校课程领导力、教师教学领导力等概念分类众多,各有侧重,但也相互交叉,尚未形成共识和定论,可以相互补充和借鉴。

第一节
学校课程领导力的理论溯源

领导力理论是在管理学与组织行为学、心理学、社会学等相关科学不断融合中发展起来的,而课程领导力是课程理论和领导力理论相结合的产物。其他领域关于领导和领导力的研究成果,对于教育领域开展课程领导力研究颇具借鉴意义。

一、"领导"与"领导力"概念辨析

"领导"和"领导力"作为学术概念,都被认为来自西方学界。两者在英语中

对应的单词都是"leadership",译者通常根据具体语境将其翻译成"领导"或"领导力",有时并未作严格区分,造成两个词语在一定程度上存在混用。本文无意对两者作深入比较研究,只是略作比对,以便理解。

1. 什么是领导

关于"领导"的内涵,前文在辨析"管理"和"领导"时已有所提及。"领导"是一个多义词,作为名词,指能够影响他人并拥有管理职权的人,也就是人们日常所说的领导者(leader);作为动词,《中国企业管理百科全书》将其解释为"率领和引导组织在一定条件下实现一定目标的行为过程"。学术界引用较为广泛的是罗宾斯(S. P. Robbins)给出的定义:领导是指影响团队来实现组织目标的过程,是领导者所做的事。[1] 由此可见,领导的本质是人与人之间的互动过程,是领导者为实现组织目标而向被领导者施加影响的一种行为和过程,其目的在于使个体或群体能够自觉自愿地为实现组织的既定目标而努力。

管理者都应该是领导者,因为领导是管理的四大职能之一。但领导者不一定是管理者,真正的领导者不需要职位。[2] 无人追随,就无法成为领导者。只有当领导者有能力吸引追随者的时候,"领导"才真正发生。

2. 什么是领导力

关于"领导力"的定义众说不一。英国领导力研究专家格林特(K. Grint)认为,领导力最简单的定义是"有人追随",是动员整个社会应对复杂的集体问题的艺术。[3] 美国学者本尼斯(W. Bennis)认为,领导力是把愿景转化为现实的能力;麦克斯韦尔(J. Maxwell)在《领导力21法则》(*The 21 Irrefutable Laws of Leadership*)中提出,领导力的本质就是影响力;库泽斯(J. Kouzes)和波斯纳(B. Posner)基于30年对数千位卓越领导者的深入研究指出,领导力就是动员大家为了共同的愿景努力奋斗的艺术,并且进一步认为"领导力是一种人与人

---

[1] 罗宾斯,库尔特.管理学[M].刘刚,梁晗,程熙镕,等译.15版.北京:中国人民大学出版社,2022:420.
[2] 费希尔,夏普.横向领导力[M].刘清山,译.北京:北京联合出版公司,2015:1-12.
[3] 格林特.领导力[M].马睿,译.南京:译林出版社,2018:1-19.

之间的关系,是领导者与其追随者之间的关系"。[1]

我国对领导力内涵的探讨主要有以下几类观点:① 能力说,认为领导力是一种领导者所应具备的能力;② 合力说,既包括领导者的自身能力,也包括领导者对他人的影响力;③ 影响力说,认为领导力是领导者对被领导者和追随者所施加的影响力;④ 权力说,认为领导力就是运用领导权进行的领导实践。

从根本上说,领导力就是要回答"领导者如何让追随者主动为实现组织目标而努力"的问题。无论哪一种定义,都认为领导力是为了实现组织愿景和发展目标,产生于领导者和追随者相互作用的过程与关系之中。

3. "领导"与"领导力"的区别与联系

关于"领导"和"领导力"的区别与联系,中国科学院"科技领导力研究"课题组认为,领导与领导力的区别主要表现在两个方面:① 定义的"属性"不同,一般把领导定义为"一种过程",而把领导力定义为"一种能力或能力体系";② 定义的"种差"内涵不同,领导关注的是在实现群体或组织目标的特定情境中领导者与被领导者的互动过程,而领导力关注的是领导者吸引和影响被领导者,从而实现群体或组织目标的能力。就此而言,领导力是领导的派生概念,领导力的内涵是由领导的内涵决定的。领导力是领导的一个子系统,是从领导者角度诠释领导学的理论体系。[2] 该课题组主要从领导者个体的角度来谈领导力,与本书所讨论的作为组织领导力的"学校课程领导力"有相似之处,也有不同之处。

二、领导力理论发展的回溯与启示

人们从最开始聚合成团队共同达成目标时就关注"领导",但直到20世纪初,才真正开始研究"领导"。最初研究领导者应该具备什么样的素质,后来关注领导者的具体行为,到20世纪中后期则强调环境因素的影响。相应地,早期

---

[1] 库泽斯,波斯纳.领导力:如何在组织中成就卓越[M].徐中,周政,王俊杰,等译.5版.北京:电子工业出版社,2013:1-22.
[2] 中国科学院"科技领导力研究"课题组,苗建明,霍国庆.领导力五力模型研究[J].领导科学,2006(9):20-23.

领导理论经历了领导特质理论、领导行为理论和领导权变理论三个发展阶段。20世纪70年代以后,随着社会经济的发展及实证研究方法的完善,一些新型领导力理论陆续被提出,如交换型领导、魅力型领导、愿景型领导、变革型领导等。

1. 几种具有代表性的领导力理论

(1) 权变理论

权变理论最早提出于20世纪60年代。权变理论认为领导的有效性不是取决于领导者的品质和行为,而是取决于领导、被领导者和情境条件三者之间的匹配关系。权变理论的核心思想是:不存在一成不变的适用于一切组织的最好的领导方式,领导者应根据组织所处的内外环境的变化而随机应变,从实际出发,针对不同情况寻找不同的管理方法和方式。[1] 最早提出综合性领导权变模型的费德勒(F. Fiedler)认为,当一个领导者的领导方式与所处的情境相匹配时,才能达到最理想的领导效果。[2]

(2) 变革型领导理论

变革型领导主张采用激励和鼓舞变革的方式来使下属出色地完成任务。变革型领导理论始于政治社会学家伯恩斯(J. Burns)1978年撰写的经典著作《领导》(*Leadership*),他将领导者描述为"能够激发追随者的积极性,从而更好地实现领导者和追随者共同目标的个体"。巴斯(B. M. Bass)给出了变革型领导的定义:领导者通过让下属意识到所承担任务的重要意义和责任,激发下属的高层次需要或扩展下属的需要和愿望,使下属为了团队、组织和更大的利益而超越个人利益,从而达到超出预期的目标。[3]

(3) 分布式领导理论

分布式领导的概念最早产生于20世纪50年代,建立在对传统的"英雄式"领导反思批判的基础上,但它兴起于20世纪90年代中后期的西方教育界。[4]

---

[1] 陈寒松,张文玺.权变管理在管理理论中的地位及演进[J].山东社会科学,2010(9):105-108.

[2] 孙建光,王晓云.弗莱德·费德勒的权变领导理论述评[J].党政干部学刊,2016(11):64-67.

[3] 李明,毛军权.领导力研究的理论评述[J].上海行政学院学报,2015(6):91-102.

[4] 张晓峰.分布式领导:缘起、概念与实施[J].比较教育研究,2011(9):44-49.

分布式领导理论认为,领导并非一个或少数几个占据领导职位者所独享的职能,而是在合作性工作中发生,分布于整个组织中。[1] 从组织流程的角度来看,分布式领导是具有共同任务目标的多个个体相互作用而产生的过程领导;从组织结构的角度,分布式领导是由多个个体共同形成的具有不同专业知识的动态网络或团队。因此,分布式领导强调权责分享、共同参与和协同合作。

(4) 愿景型领导理论

纳努斯(B. Nanus)于1985年首先提出"愿景领导"一词,强调在所有领导功能中,领导者所具有的愿景的影响最为深远。愿景型领导的提出建立在纳努斯和本尼斯对杰出领导者的实证研究基础上。本尼斯研究了90位美国领导者的行为和特征,与每位领导者谈话2小时到2天不等,经过分析面谈记录,提炼出这些领导者的共同才能主要包括以下四个方面:① 愿景管理。好的领导者具备设想一个令人瞩目的前景并付诸行动逐步实现的能力,能够使自己的设想为被领导者所信服,并把它当作共同的奋斗目标。② 意义管理。领导者能够把自己的设想转变为行动,能够用简单的图像和语言表达出复杂的意思,让下属觉得这样的目标值得去努力。③ 信任管理。信任是把下属与领导黏合在一起的情感胶水。对于领导者来说,信任表现在目的一致,表现在对同事及其他人的关系处理上。④ 自我管理。领导者都很看重对自我的管理,对自己及他人的评价都是积极的,能客观地看待事物,对任何人都彬彬有礼。本尼斯的研究认为,产生信任是领导者的重要特质,领导者必须正确地传达他们所关心的事情,他们必须被认为是值得信任的人。[2] 后来,许多研究也发现有效能的领导者往往是具有愿景的领导者,愿景能提供行动的目标,帮助领导者超越目前的情境而实现组织的改进与成长。

(5) 文化型领导理论

沙因(E. H. Schein)是文化型领导理论的主要代表,被称为"组织文化理论之父"。他认为组织文化和领导力是组织获得永续发展的灵魂与基石。组织的

---

[1] 郑鑫,尹弘飚.分布式领导:概念、实践与展望[J].全球教育展望,2015(2):96-106.
[2] Bennis W. The Four Competencies of Leadership[J]. Training and Development Journal, 1984(5):15-19.

文化氛围影响参与者的思维方式和行为方式,调动着参与者的积极性、精神状态和创新方式。领导力奠定组织文化的基因,维护和巩固组织文化,在组织的动态发展中推动和引导着组织文化变革及可持续发展,因而领导过程和文化建设过程是互相紧密联系的。[1]另一位领导变革研究学者科特也认为"从某种程度上说,以领导力为核心的企业文化制度化是领导的最终目标"。[2]

2. 领导力理论发展的启示

近百年的领导力理论发展历程表明,每一种理论都在努力回答"领导者怎么进行领导才有效"和"领导者领导的力量从何而来"。总体而言,关于领导力的研究主要是在探寻领导成效的影响因素。不同流派的领导力理论在研究方向上呈丛林状,每一种理论都极具洞察力与启发性,但也存在着各自不同的局限性,实践中应该结合具体领域、具体情境,取各种领导力理论之长,进行综合运用。

虽然关于领导力的定义不一,但从中可以提炼出一些认识上的共性:① 领导力具有方向性,指向组织目标的实现,许多理论都认为愿景引领、价值引领很重要。② 领导力是多主体的,是领导者和追随者的相互作用。职权和职位可以给人带来领导力,但领导力不仅仅依赖权力,人人具有领导力。③ 领导力具有情境性,发生在领导者、追随者、目标和情境四个要素的互动之中。④ 领导力倾向采用激励、协商、共享的方式,愿景引领、权力共享、情境建构、协同合作、文化培育等,都被认为是领导力产生的重要途径。⑤ 除了文化型领导外,大多数领导力理论主要是基于领导者个人视角开展的研究,而本书研究的学校课程领导力是以"学校"作为主体的研究,学校是一个组织,所以存在差异。⑥ 领导力具有复杂性与综合性。

三、学校课程领导力研究的回溯与启示

领导理论和课程理论的不断发展,为课程领导力研究提供基础和支持。

---

[1] 沙因. 组织文化与领导力[M].陈劲,贾筱,译.北京:中国人民大学出版社,2020:117-210.
[2] 科特. 领导力要素[M].袁品涵,译.北京:中信出版集团,2019:145-179.

以下围绕学校课程领导力的研究历程、理论基础、概念定义、提升策略等维度，对相关研究作梳理和分析。

1. 学校课程领导力的研究历程

与"领导"和"领导力"相似，"课程领导"和"课程领导力"在英语中对应的都是"curriculum leadership"，译者通常根据具体情境和理解作相应翻译，两个词语在一定程度上存在混用。

20 世纪 50 年代，"课程领导"一词最早出现在美国哥伦比亚大学帕索（H. Passow）的研究项目"课程领导的组织和发展"中。[1] 几乎与此同时，美国哥伦比亚大学的霍瑞斯曼-林肯学校实验研究所（The Horace Mann-Lincoln Institute of School Experimentation）在开展了为期 14 个月的有关课程领导研究项目后，于 1955 年出版了《培训合作研究的课程领导者》（*Training Curriculum Leaders for Cooperative Research*）一书。

20 世纪 70 年代起，美国校本课程开发（school-based curriculum development）运动兴起，学校获得了一定的课程自主权。随着参与校本课程开发的教师日益增多，人们开始发现原本科层式、程序化的课程管理模式无法适应新的课程发展需要，课程领导在这一时期蓬勃发展，这个过程和我国课程领导的发展非常相似。这一时期的课程领导带有强烈的重视与规范学校教师课程开发的目的，如布拉德利（L. H. Bradley）于 1985 年出版的《课程领导与发展手册》（*Curriculum Leadership and Development Handbook*）、格拉索恩（A. A. Glatthorn）于 1987 年出版的《课程领导》（*Curriculum Leadership*）等，明显倾向于课程开发的技术指导，带有浓重的工具取向。

伴随着世界范围内课程改革的浪潮涌起，20 世纪 90 年代以来，课程领导研究从"工具取向"走向"价值取向"，追求激发教师活力来迎接时代变革，并持续升温，成为课程理论研究的一个焦点领域。课程领导的发展与整个教育系统乃至更为广泛的社会转型之间都存在着密切关联，信息化的飞速发展让"世界是

---

[1] Passow A H. Organization and Procedures for Curriculum Improvement[J]. Review of Educational Research，1954(3)：221-236.

平的",组织的发展目标和管理形态不断被重新定义,"激活个体""全员共治"成为共同的追求。

2. 学校课程领导力的理论基础

学校课程领导力研究建立在领导理论和课程理论的不断发展之上。

(1) 领导力理论的发展为学校课程领导力研究提供引领和示范

20世纪中后期,领导力权变理论、愿景型领导、变革型领导、文化型领导理论等都对课程领导研究产生过巨大影响。例如,亨德森(J. G. Henderson)与霍索恩(R. D. Hawthorne)合著的《转型的课程领导》(*Transformative Curriculum Leadership*),提出转型课程领导力的概念。该书将教育目标描绘为"培养人的多元素养"和"创造性的民主学校",将课程领导者描绘为"教育理想者""系统变革者""协同合作者""改革倡导者""建构认知者"。[1] 布鲁贝克(D. L. Brubaker)在其著作《创造的课程领导》(*Creative Curriculum Leadership*)中提出"创造的课程领导"概念,并在2004年的修订版中将书名改为《创造的课程领导:激励和赋权学校共同体》(*Revitalizing Curriculum Leadership: Inspiring and Empowering Your School Community*)。[2]

(2) 课程理论的发展为学校课程领导力研究提供可能和基础

20世纪70—80年代,伴随着美国校本课程开发运动,施瓦布提出"实践性课程理论",英国课程理论专家斯腾豪斯(L. Stenhouse)提出"过程模式"课程理论和"教师即研究者"的命题,由此掀起一场有关课程实践的"范式转换",奠定了教师在课程开发中的主体地位,为教师和学校课程领导力提供了实践上的可能性。此外,20世纪末学校课程实施的取向进一步由"忠实取向"到"互动调适取向",再到"创生取向",由此引发许多关于课程实施过程和课程变革过程的学术研究。在这个过程中,随着人们认识理解的逐步深化,课程领导不再局限于技术理性或程序方法,而是秉持智慧方法论,把学校课程实施和开发视为各级各类课程主体合作参与、解决问题、协商建构意义的过程,进一步为学校课程领

---

[1] Henderson J G, Hawthorne R D. Transformative Curriculum Leadership[M]. New Jersey: Merrill Prentice Hall, 2000.

[2] 汪敏,朱永新.教师领导力研究的进展与前瞻[J].中国教育科学,2020(4):130-143.

导力研究提供依据和基础。

3. 学校课程领导力的概念界定

课程领导力的相关研究大致可以分为两大类：一类是限定领导力主体的研究，如校长课程领导力、教师教学领导力等；另一类是没有限定领导力主体的研究，如课程领导、课程领导力等。从研究内容来看，后一类虽然没有冠以"学校"字样，但讨论的大多是学校层面的课程领导，可以将其纳入学校课程领导力研究范畴。与"领导"和"领导力"研究一样，"课程领导"和"课程领导力"的研究也水乳交融，大多数研究两者兼而有之，既指向领导行为和过程，也指向领导过程中的相互影响机制。

中外学者对课程领导力的认识也是见仁见智，从理念本质、功能目标、过程内容等不同视角对课程领导力的内涵作了界定，如表2-1所示。

表2-1 学校课程领导力概念定义列举

界定视角	研究者	基本观点
理念本质	钟启泉，岳刚德[1]	课程领导的本质是促使学校文化转型的道德领导，是支持和促进课程愿景在学校——学习共同体中现实化的制度性保证
	董小平[2]	学校课程领导是指学校中的课程领导者与追随者在课程事务上通过互动而相互影响，以促进学校中的人、事、物共同发展的过程，教师参与是学校课程领导的必然要求
	罗生全，靳玉乐[3]	课程领导的本质是知识管理，目的是"促进人员运用知识的一种机制，并使人员能够在特定情境中采取有效的行动"，最终消除知识浪费，提高学校的生命力

---

[1] 钟启泉，岳刚德.学校层面的课程领导：内涵、权限、责任和困境[J].全球教育展望，2006(3)：7-14.

[2] 董小平.教师参与学校课程领导：意蕴、缺失与构建[J].中国教育学刊，2008(5)：40-44.

[3] 罗生全，靳玉乐.学校课程领导：知识管理的视点[J].中国教育学，2007(8)：25-29.

续　表

界定视角	研究者	基本观点
功能目标	吕立杰,丁奕然[1]	课程领导作为指引学校课程变革、促进课程统整规划与完善学校课程评价的教育活动,意在通过引导他人作出关于课程的正确判断与协同管理,改善学校课程与教学品质,进而助力教师专业发展与学生素养提升
	李定仁,段兆兵[2]	课程领导是指为了实现课程目标,在一定条件下对课程领域的组织和人员施加影响的过程,具有决策、组织与引导等职能,对课程的形成、实施、改革与发展都具有重要影响
	格拉索恩[3]	课程领导强调的是"功能",而不是"角色",功能在于使学校体系及学校能达成增进学生学习品质的目标
过程内容	塞吉尔万尼[4] (T. J. Sergiovanni)	课程领导是为学校成员提供必要的基本支持与资源,进而提升教师的课程专业技能,制订优质学校教育方案,促进教师间的交流与观摩,促进学校形成合作与不断改进的文化,最后发展学校成为课程社群,达成卓越教育的目标
	台湾海洋大学师资培育中心[5]	课程领导是在教育的团体情境里,借影响力来引导教育工作者在课程实务(含教学)的努力方向,使其齐心协力去达成教育目标的历程

其中,对课程领导力有比较系统论述的是美国课程专家兰姆博特(L. Lambert),他给出关于"课程领导"的几点含义[6]:① "课程领导"是一个团体,而非个别的

---

[1] 吕立杰,丁奕然.中小学校长课程领导力构成要素及作用机制研究:基于 PLS-SEM 的实证研究[J].华东师范大学学报(教育科学版),2022(3):20-29.
[2] 李定仁,段兆兵.试论课程领导与课程发展[J].课程·教材·教法,2004(2):3-7.
[3] 格拉索恩.校长的课程领导[M].单文经,等译.上海:华东师范大学出版社,2003:25.
[4] Sergiovanni T J. Leadership and Excellence in Schooling[J]. Educational Leadership, 1984(5): 4-13.
[5] 台湾海洋大学师资培育中心.课程领导与有效教学[M].北京:九州出版社,2006:18.
[6] Lambert L. Building Leadership Capacity in Schools[G]// Alexandria, VI: Association for Supervision and Curriculum Development (ASCD), 1998: 5-9.

领导者(如校长),组织内的每一个成员都应具有成为领导者的潜能和权利;② 团队成员基于共同的愿景进行学习,并进行知识建构;③ 成员之间共享信息,并有相同的价值观,有共同信念,反思工作并对工作赋予意义;④ 团队内的权力和权威不属于某个人,而是成员通过交流和分享,共享权利,共担责任。兰姆博特认为,组织中的每一个成员都有领导的潜力,所要做的就是把价值观表面化,然后促进有助于发展的行动。每个人都有进行课程领导的权利,每个人也都要承担课程领导的责任。我国最早提出"课程领导"的钟启泉教授也强调,课程领导最重要的是课程目标的实现和学校文化的转型,且这一过程中要有价值上的保证。[1] 华东师范大学胡惠闵教授认为,所谓学校课程领导力,是指通过影响力的方式来引领学校课程价值,达成学校课程目标,并建设与之相匹配的学校文化。[2] 从以上三位学者对课程领导概念的界定中可以发现,他们都特别强调价值引领、目标实现、共同行动和文化改变。

相对而言,在直接明确指向"学校课程领导力"的研究中,我国学者较多从能力角度来进行定义。例如,为了提升课程改革背景下的学校课程领导力,2012年9月,人民教育出版社和中国教育学会联合主办相关论坛,在论坛上,专家们共同认为,课程领导力是指按照一定的办学定位、培养目标所进行的学校课程开发建设与实现全面提升学校教育质量的能力。课程领导力的内涵要素主要包括:领导教师团队创造性实施国家课程方案的能力,开发与整合教育资源建设校本课程的能力,学校课程实施能力,组织学校课程实践的决策、引领和调控能力等。[3]

综上所述,关于学校课程领导力可以归纳出一些共识:

① 关于目标。提升学校课程领导力是为了实现学校课程育人和发展目标,提升学生学习品质,实现师生共同发展。

---

[1] 钟启泉.从"课程管理"到"课程领导"[J].全球教育展望,2002,31(12):24-28.
[2] 胡惠闵.学校课程领导力的实践路径:基于学校课程规划编制视角的探索[J].基础教育课程,2014(3):24-29.
[3] 丁锐,吕立杰.深化课程改革背景下学校课程领导力的提升:第二届基础教育课程改革与发展论坛综述[J].课程·教材·教法,2012(12):102-106.

② 关于主体。学校课程领导力的主体是学校课程团队,包括校长、中层干部、教师、学生等所有学校课程相关人员。

③ 关于过程。学校课程领导力的产生、发展和运用都伴随在学校课程规划、设计、实施、评价等实践过程之中。

④ 关于机制。学校课程领导力因领导者和追随者相互影响、相互作用而产生,有赖于愿景引领、制度支持和学习共同体建设等。

4. 学校课程领导力的提升策略

整体而言,关于课程领导力的研究主要聚焦于课程领导内涵辨析、校长或教师作为主体的课程领导力研究、课程领导与课程改革的关系研究等。从研究方法来看,主要以理论研究为主,实践研究比较鲜见。近年来我国学者如吕立杰[1]、金京泽[2]等,采用实证研究的方法对学校或校长课程领导力的评价进行了探索,将课程领导力研究推向深入。

关于领导力提升策略的研究,主要集中于对"校长""教师""领导者"个人领导力的研究,大多数从领导者的特质、能力构成等角度开展研究。例如,美国耶鲁大学教授斯腾伯格(R. J. Sternberg)以智力理论为基础,建构了 WICS 教育领导力模型,主要包括四个要素：智慧(wisdom)、智力(intelligence)、创造力(creativity)与综合(synthesis)。[3] 再如,中国科学院"科技领导力研究"课题组研究建构了"领导力五力模型",包括前瞻力、感召力、影响力、决断力和控制力。[4] 从学校组织层面讨论"如何提升学校课程领导力"的研究较少,但是一些相关研究可以带给我们启示和借鉴。

(1) 组织变革领导模式

科特综合运用愿景变革、魅力变革、转型变革等理论,提出了领导组织变革

---

[1] 吕立杰,丁奕然.中小学校长课程领导力构成要素及作用机制研究：基于 PLS-SEM 的实证研究[J].华东师范大学学报(教育科学版),2022(3)：20-29.

[2] 金京泽.数据驱动的中小学教师课程领导力实践模型研究[J].上海教育科研,2022(9)：27-32.

[3] 李政,胡中锋.WICS 领导力模型：缘起、特征与启示[J].高教探索,2016(8)：18-23.

[4] 中国科学院"科技领导力研究"课题组,苗建明,霍国庆.领导力五力模型研究[J].领导科学,2006(9)：20-23.

的八个步骤。[1]

① 树立紧迫感。努力营造积极有利的氛围，使人们产生生存焦虑，为变革"造势"。

② 组建领导团队。除了那些有激情和责任感的高层管理成员以外，还必须吸收那些关键部门的管理者组成一个指导团队，打破原来的科层体系，增强团队成员之间的互信和协作精神。

③ 设计愿景战略。要鼓励其他人发展自己的个人愿景，并通过分享的方式汇聚形成共同愿景，以帮助组织成员归属于同一重要的任务、事业或使命而形成强大的凝聚力。

④ 沟通变革愿景。领导者要不断地在适当的时间、适当的场合以适当的方式宣传变革愿景，使愿景被更多的人所共享。

⑤ 善于授权赋能。把领导能力强的管理者放在关键的岗位上，建立一套新的、与变革愿景一致的绩效体系和激励机制，为实施变革铺平道路。

⑥ 积累短期胜利。短期成效不仅可以使人们对变革努力产生更强的信念，也是对那些付出努力的人的一种情感上的回报，还能使批评变革者暂缄其口，从而起到鼓舞员工士气的目的。

⑦ 促进变革深入。成功的变革领导者不能满足于短期成功，要有坚强的意志和坚定的信心，并不断将变革向前推进。

⑧ 成果融入文化。成功的变革必须通过一系列具体措施把变革的成果固化到组织文化中并传承下去，在未来较长时期内通过反复运用而被组织成员认为是理所当然的。

科特认为应该把这八个步骤看作一组基因，把它们深刻地植入组织的程序当中。

我国学者王云峰在科特领导理论的基础上，提炼了领导力研究框架的核心要素模型(图2-1)，归纳了领导力研究框架的过程和结构模型(图2-2)。[2]

---

[1] 科特.领导变革[M].徐中，译.北京：机械工业出版社，2023：33-139.
[2] 王云峰.领导力理论溯源及创业领导研究方向[J].技术经济，2008(6)：21-26.

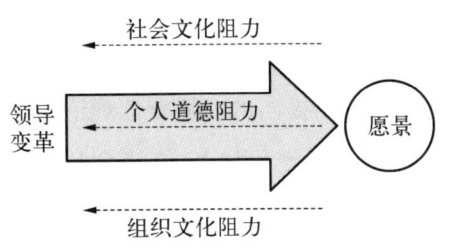

图 2-1 领导力研究框架：核心要素模型

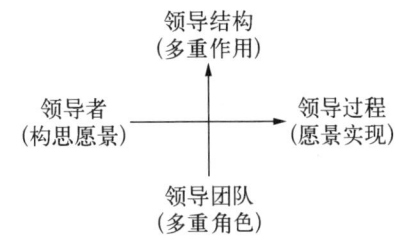

图 2-2 领导力研究框架：过程和结构模型

(2) 领导力概念链模型

中国科学院"科技领导力研究"课题组系统梳理了领导力相关概念，认为领导过程、领导行为、领导能力、领导知识和领导情境等密切相关，它们共同构成了领导力概念链（图 2-3）。[1]

在领导力概念链中，处于核心层（第一圈层）的是领导过程，领导过程是由具体的领导行为构成的，领导过程通常也代表着领导实践。第二圈层的领导行为、领导能力和领导知识都是领导过程的直接或间接产物。第三圈层的领导情境是指确保领导过程正常运行的环境因素的总和，是领导行为、领导能力和领导知识等要素形成与发展的重要基础。

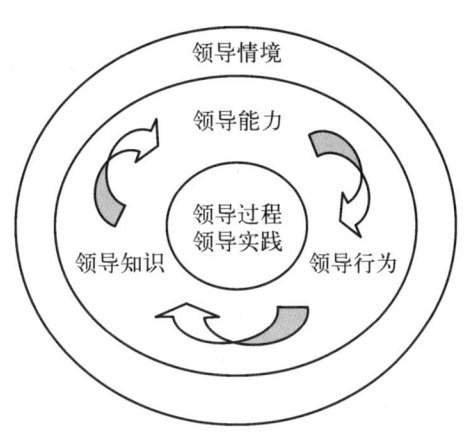

图 2-3 领导力概念链

领导力概念链虽然是从概念角度进行刻画和描述的，但是对我们理解领导力在实践中的运行机制不无启发。在领导力概念链的逻辑关系中，作为领导能力总称的领导力起着承上启下的核心作用，领导者一方面需要整合各种领导知识，并通过领导实践使这些知识升华为领导力；另一方面还需要通过领导行为应用这些能力，从而影响群体或组织的目标及其实现过程。领导力的特殊重要

---

[1] 中国科学院"科技领导力研究"课题组,苗建明,霍国庆.领导力五力模型研究[J].领导科学,2006(9):20-23.

性,提示领导学研究应由领导行为研究范式转向领导力研究范式。

(3) 复杂性领导力模式

复杂性领导力模式(图2-4)是基于复杂性理论提出的。复杂性理论中最重要和最基本的概念就是相互作用,相互作用的结果产生变革,在当今越来越重视知识生产的复杂系统中,变革显得日益重要,尤其是在教育领域。[1]

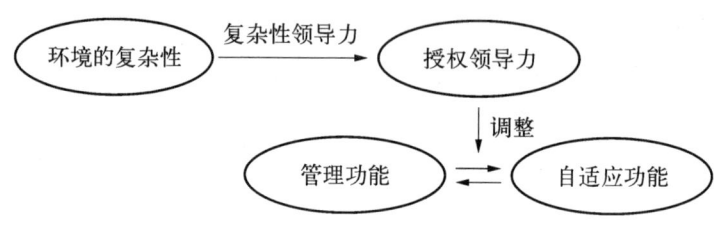

图2-4 复杂性领导力模式

复杂性领导力模式包括四个相关因素。

① 授权领导力。授权领导力是一种自适应功能与管理功能之间的平衡行为,它通过授权条件鼓励适应和变革。

② 自适应功能。适应性来自组织内部成员之间的相互作用和相互依赖。适应性行为是一种高度复杂的行为,源于组织变革的内在影响力,授权有利于适应性培育。

③ 管理功能。管理为组织的稳定提供控制与标准化。在不稳定的环境里,难以有效应对环境的复杂性。

④ 环境的复杂性。复杂性领导力理论认为,变革不是源自个体的新理念,而是来自团体的相互作用。一种领导力理论如果不考虑团体动力,将不能准确地把握组织变革的过程和变革的传播。

以上三种领导力实践模型对于"如何提升学校课程领导力"实践研究具有借鉴意义。领导力实践常常被置于社会变革、企业变革等组织变革的背景之下,这也符合"领导"一词引领变革和创新的本意。科特组织领导变革的八个步

---

[1] 胡中锋,王义宁.教育领导力模式变迁之反思[J].华东师范大学学报(教育科学版),2015(3):7-13.

骤对于如何在学校课程中组织推动一项课程或教学改革具有参考价值——领导实质在变革,变革关键在愿景,愿景实现靠人心,变革成功靠影响。中国科学院的领导力概念链将领导力置于情境之中,揭示了领导力在实践中发挥作用,同时领导力也在实践中得到提升,提升学校课程领导力应该是"做中学"的过程。学校课程改革无疑是一种复杂性变革,复杂性领导力模式提示我们,在复杂性变革中要注意"管理"和"领导"的共同作用,发挥必要的管理功能。对于复杂性改革,更要充分赋权以激发团队动力,从而提升系统自适应功能以更好地应对变革的复杂性。

第二节
学校课程领导力的多重解读

整体而言,学校课程领导力是一个比较难以理解和把握的概念。一方面因为它比较抽象,另一方面因为它过于复杂。实践中,对课程领导力的理解也常常出现片面化或者泛化。鉴于此,本节尝试从基本含义、多元主体、第一要务和实践特征等视角对学校课程领导力作多重解读。

一、学校课程领导力的基本含义

文献研究表明,"领导力"是一个在不同语境中被反复建构的概念,因此有了众多诠释,"影响力说""能力说""艺术说"是目前比较占主流的几种观点。不同的观点从不同的角度来诠释"领导力",一方面说明了领导力的复杂性与综合性,另一方面也有利于人们更完整地认识和理解"领导力"这一概念。

从领导力理论发展来看,关于领导力的研究主要是关于领导成效影响因素的探寻,与管理者、追随者、目标和情境四个基本要素有关。学校课程领导力的主体是"学校",超越了管理者、追随者个体视角。关于学校课程领导力的实践研究,应该将其置于课程改革的时代背景之下,考虑领导力四个要素中的"目标"和"情境"要素,只有针对当下最需要解决的问题,才能找准影响学校课程领导成效的关键因素。

第一章中已经讨论过,基于学校"管理有余,领导不足"的现状,面对课程改革"理念好,落地难"的问题,相较于以往传统的课程管理,倡导学校课程领导力的主要目的是更好地实施国家课程方案和课程政策,提升学校课程改革的实践成效。需要解决的根本问题是促进国家课改理念引领下的教师课程行为自觉,让国家"倡导的理念"转化为教师真正"践行的理念",缩小从国家理想课程到学生经验课程之间的"课程落差",从而更好地实现国家育人目标。正如兰姆伯特[1]、钟启泉[2]、胡惠闵[3]等学者的观点,价值引领、目标实现、行动改变和文化转型等应该是影响或反映学校课程领导是否有成效的关键因素。

因此,总体而言,学校课程领导力就是要回答"如何动员教师为实现课程目标而共同努力"的问题。课程改革背景之下,学校课程领导力旨在通过专业影响的方式,引领学校课程价值,激励每一个课程主体共同努力,达成学校课程目标,并建设形成与之相匹配的课程文化。这里的"课程主体"指学校课程相关利益者,是那些能够影响学校课程目标实现或者被课程目标的实现所影响的个人或群体,包括校长、教师、中层管理者、学生、家长、课程专家、社区相关人员或教研组、项目团队等。

学校课程领导力的基本含义主要包括四个方面。

① 坚持价值引领,并将之体现在学校课程目标之中。可以说,没有课程价值的引领,就没有课程领导力。

② 形成目标共识。课程主体认同课程目标,并心甘情愿为实现课程目标而积极开展课程实践。

③ 借助专业影响。共识的形成不是通过命令、约束和控制等"被迫服从"方式,而是采用引导、激励和协商等"认同内化"方式。

④ 人人都是领导者。课程主体之间相互影响,并通过这种影响力实现学校

---

[1] Lambert L. Building Leadership Capacity in Schools[G] // Alexandria, Ⅵ: Association for Supervision and Curriculum Development (ASCD), 1998: 5-9.

[2] 钟启泉.从"课程管理"到"课程领导"[J].全球教育展望.2002(12):24-28.

[3] 胡惠闵.学校课程领导力的实践路径:基于学校课程规划编制视角的探索[J].基础教育课程,2014(3):24-29.

课程价值。

二、学校课程领导力的多元主体

课程领导力是学校课程主体在开展课程实践的过程中,因个人与个人、群体与个人(如教研组与教师)、群体与群体(如语文教研组与数学教研组)之间合作、交流等相互作用而形成的在观念、情感、行动上的共鸣和改变。人人都是学校课程领导者,人人也都是课程领导共同体中的追随者。

1. 人人都是学校课程领导者

不少人认为领导力只是存在于少数拥有领导职位的领导者身上,其实不然,领导力分散于整个学校,分散于各个组织成员之间。著名教育家杜威(J. Dewey)很早就提出,教师作为领导者,依靠的不是职位,而是广博、深刻的知识和成熟的经验。[1]人人都有课程领导力,每位教师都可以成为学校中积极行动的课程领导者。

影响力是指一个人在与他人的交往中,影响和改变他人心理与行为的能力。[2]行为科学的研究指出,构成影响力的基础有两大方面:一是权力性影响力,二是非权力性影响力。权力性影响力是一种强制性影响力,强调的是命令与服从,如科层式管理就是主要依赖权力性影响力。非权力性影响力是一种自然性影响力,强调的是认同和依赖。教师非权力性影响力来自教师自身素质,其影响因素包括教师自身的专业知识、专业能力、专业精神,甚至个人魅力、情绪感染力等。古人说的"德高为师,身正为范""其身正,不令而行;其身不正,虽令不从"等反映的就是非权力性影响力。因此,人人都有课程领导力,学校中的每个人都可以通过自己的思想、行为影响他人,同时受到他人影响。例如,在教研活动中,某位教师作了一次发言,影响力便可能随之产生。有没有真的产生,判断的依据是有没有引起他人的思考和共鸣,取得价值认同,并化为他人自觉的行动。

---

[1] 吕达,刘立德,邹海燕.杜威教育文集:第5卷[M].北京:人民教育出版社,2008:259.
[2] 胡朝兵,张大均.论教师的权威、威信与教育影响力[J].教育理论与实践,2004(4):23-26.

事实上，在这个不断变化、终身学习的时代，领导力是每个人的事，领导力源自自我。就个人而言，领导力可以分为三个维度：领导自己的能力，反映一个人怎样管理自己的思想、情感和行动；领导他人的能力，反映一个人如何在社会体系中与他人共事、吸引和影响他人；领导组织的能力，反映一个人怎样促进组织目标的实现。

2. 人人都是学校课程领导共同体中的追随者

没有追随者，哪来领导者？"领导者"和"追随者"相辅相成，相互作用。在学校课程领导中，人人都是领导者，人人也都是追随者。

领导力既受环境影响，也对环境产生影响。在不同情境中，"领导者"和"追随者"的角色可以互换与混合。例如，在语文教研活动中，语文教研组长是领导者，如果校长参与，这时校长便是追随者。在同一次研讨中，随着观点的不断碰撞和交互，领导者和追随者的角色也会随着情境而互换变化，在每一位参与者身上，"领导者"和"追谁者"两种角色混合存在。

好的"追随者"对一个团队而言也非常重要。最新研究认为，领导力发生在"领导者-追随者"互动过程中，"领导力"不仅包括影响他人的能力，也包括追随他人的能力。[1] 一次好的相互影响，依赖双方的共同努力。所以，做一名热情投入、勇于行动、善于自我领导的追随者也能为提升学校课程领导力作出贡献。在实践中可以明显感受到，对于一个集体而言，角色是多样化的，相互之间需要互补和协同。而且，做一名好的"追随者"有利于自身的专业发展，在良好的相互影响中更容易快速成长为某一方面的专业"领导者"，这一点尤其值得青年教师重视。

3. 建设学校课程领导共同体

学校课程领导力是组织集体的领导力，是每一个课程主体领导力的合力，但不是每个课程主体领导力的简单累积，应该追求"1＋1＞2"的协同效应。

学校课程领导共同体除了具有一般"共同体"都有的共同愿景、自我超越等

---

[1] 罗宾斯，库尔特.管理学[M].刘刚，梁晗，程熙镕，等译.15版.北京：中国人民大学出版社，2022：431-432.

特征外,还要努力超越固有科层管理结构的束缚,让学校课程领导权实现"去中心化",分散在分布式领导中的点状矩阵中。通过动态、有机的方式,合理调配领导力的分布,以达到组织最优状态。给予教师相对自由的思维空间与实践空间,让教师显现作为独立自主个体的能动性和创造力,从而有可能凭借自己的影响力在学校课程实践中承担领导者角色,变"被动参与"为"主动发展",变"忠实执行者"为"分布式领导者",共同推动学校课程目标的实现和达成。

三、学校课程领导力的第一要务

这里的"第一要务"是指在提升学校课程领导力过程中,最重要而且要始终贯彻推动的基本任务和重要基础,提升学校课程领导力的第一要务是"促进学校课程价值认同"。

国家课程方案和课程标准是国家纲领性课程文件,反映了国家课程的基本规范和质量要求,其蕴含的课程价值观具有高度导向性和规范性。学校课程价值观必须与国家所倡导的课改理念和育人要求保持一致,提升学校课程领导力,通过促进价值认同,让国家倡导的课改理念真正转化为教师教育教学中践行的课改理念,从而带动教师教育教学行为的实质性改变,让课程改革在校园中真实发生。

1. 课程价值观的基本含义

价值观是人们对各种价值现象比较系统的、稳定的、深层的观点和看法,它是包括价值关系的整合、价值评价的标准、价值取向的选择等在内的观念系统。[1] 学校课程价值观是学校从自身和社会的需要出发,在对学校课程的价值进行澄清、筛选和反思过程中所形成的观念体系。它是学校在课程实践中所秉承的信念和原则,是指引学校课程行动的一种相对稳定的意识集合。

学校课程价值观的重要性主要体现在以下几个方面。

(1) 课程价值观影响学校课程目标的确立。不同的课程价值观必然导致学校不同的课程育人目标和课程发展目标。

---

[1] 詹万生.德育新论[M].北京:首都师范大学出版社,1996:16.

(2) 课程价值观影响学校课程决策的行为。决策从根本上说是一种判断、选择和决定,这些行为都以决策者的价值观为基础,体现决策者的价值取向。

(3) 课程价值观影响课程策略的选择。课程策略是为实现课程目标而采取的措施、手段和方法的总和,如果说课程目标大多停留在思想、理念上的话,课程策略就是将其化为现实。策略的选择过程正是价值判断的过程,课程价值观必然体现在课程主体对课程实施策略所作出的选择上。

(4) 课程价值观影响课程评价的结果。评价的本质是一种价值判断,同样的课程实施会因为不同的价值观而得出不同的评价结果,不同的评价结果反映其背后价值观的差异。

2. 课程价值观的形成和改变

课程领导力的本质是一种影响力。影响力是用一种别人所乐于接受的方式,改变他人的态度、观念和行动。美国著名心理学家凯尔曼(A. C. Kelman)于1961年提出关于态度形成和改变的理论,包括"服从—认同—内化"三个阶段。[1]

(1) 模仿或服从阶段(compliance)。这一阶段是从表面上转变自己的观点和态度,会表现出一些顺从的行为,但这往往是被动的。一方面,可能是出于自愿,在模仿他人中不知不觉产生。每一个人都有模仿他人的倾向,尤其倾向于模仿自己所崇拜的对象。在模仿过程中会习得不同的观点和态度,这是人们形成和改变自己态度最常见的一种途径。另一方面,可能是因为受到一定的压力而服从。服从是指人们为了获得某种物质或精神上的满足,或为了避免惩罚而表现出来的一种行为,在服从过程中表现出相应的态度。

(2) 认同阶段(identification)。这一阶段表现为不是被迫而是自愿接受他人的观点、信念、态度、行为或新的信息,并使自己的态度与所要形成的态度相接近。在这个阶段,态度的形成或改变是个体主动自愿的,而不是外界环境压力影响的结果。这种态度具有一定的稳定性,已接近个体自身的态度,但仍未与自身原有的全部体系相融合。

---

[1] 尤克尔.组织领导学[M].陶文昭,译.北京:中国人民大学出版社,2004:168.

（3）内化阶段（internalization）。这一阶段是真正从内心深处相信并接受他人的观点，从而彻底转变自己的态度。被影响者真正相信新的观点和新的思想，从而把这些新的思想和观点纳入自己的价值体系，成为自己态度体系中一个有机组成部分。经过这个阶段之后，态度很难因为外在的环境因素而改变，具有相对稳定性。

凯尔曼三阶段理论中的"态度"是一个宽泛的概念，包括认识、思想和观点等，价值观当然是"态度"的重要组成部分。从根本上讲，所谓提升学校课程领导力，就是要通过专业影响的方式促进学校课程主体对课程改革理念实现从"服从"到"认同"再到"内化"的转变，使其成为教师发自内心的主动追求和自觉行为，为实现课程改革和育人目标而共同努力。

3. 促进课程价值认同的重要意义

对于学校而言，如果没有课程价值认同，就无法谈及学校课程领导力。从狭义上说，组织就是指人们为实现一定的目标，互相协作结合而成的集体或团体。组织是为了实现一定的目标而成立的，没有共同的目标，组织就失去存在的意义。学校课程建设本身就是组织的公共事务，涉及不同主体的利益，同时需要不同主体协作进行，如果缺乏一定的共识，就无法形成多方参与、齐心协力、互相配合的课程建设主体合作大格局。

对于课程改革而言，如果没有课程价值认同，改革就不可能真正发生。改革的目的是促使人们的行为发生持久性的变化。纵观国内外许多教育改革无法取得让人满意结果的根本原因，在于人们行动背后的支配逻辑没有发生变化，由此会造成改革的反复性。课程改革是一种复杂性改革，越复杂的变革越难以用强制力去完成。采用命令、控制的办法，只能让教师被动卷入，无法促成内心的认同，容易导致变革实施的"空壳化"。一旦外力撤去，又回到改革前的状态。

四、学校课程领导力的实践特征

学校课程领导力具有价值导向性、整体综合性、实践生成性、文化内隐性等一些实践特征。

1. 价值导向性

学校课程领导力的第一要务是促进价值认同。课程改革能不能取得成功，很大程度上取决于学校和学校成员有没有形成共享的课程价值观并共同为之奋斗。学校课程领导力首先要有"力"的方向。人人都有课程领导力，更需要共同的方向，使之凝聚形成合力。

2. 整体综合性

课程领导力是学校的"真功夫"，也是学校的"软实力"。学校课程领导力存在于学校课程建设丰富的立体背景中，涉及人与课程、人与人的多重复杂互动关系，也体现在学校的课程文化、价值观、制度等学校"上层建筑"中，具有复杂性、综合性与整体性，是一个有机的系统。

3. 实践生成性

提升学校课程领导力不是"坐而论道"，而是"做而论道"。课程领导力既不同于理论之知，也有别于技术之知，无法依靠外部的规范或培训来获得，它必须由学校课程主体在课程实践中经过"摸爬滚打"才能生成。学校课程领导力提升是一个循序渐进、不断深化的发展过程，是一项长期性任务。

4. 文化内隐性

学校课程领导力蕴藏在学校每一位教师身上，并非集中，而是分散；并非外长，而是内生。在一定情境中，它能够以某种自动化的方式即时表现出来，根植于学校文化之中。它的形成与学校课程传统、人际交往习惯等都有关系，具有学校独特性。

第三章
学校课程领导力提升的实践模型

学校课程领导力提升是一个多维、多层的复杂过程,虽然在课程改革中日益受到重视,但在实践情境中不容易化为清晰、切实、可行的行动,造成课程实践中的"模糊"和"笼统"。

课程改革背景下,基于理论,也基于对实践经验的归纳和提炼,建构了学校课程领导力提升"同心圆"实践模型(图3-1)。最内层是课程愿景,中间层是课程制度,最外层是课程文化,三者构成一个"同心圆"整体,扎根在课程实践之中,相辅相成、相互促进,共同致力于促进教师等课程主体对学校课程价值观

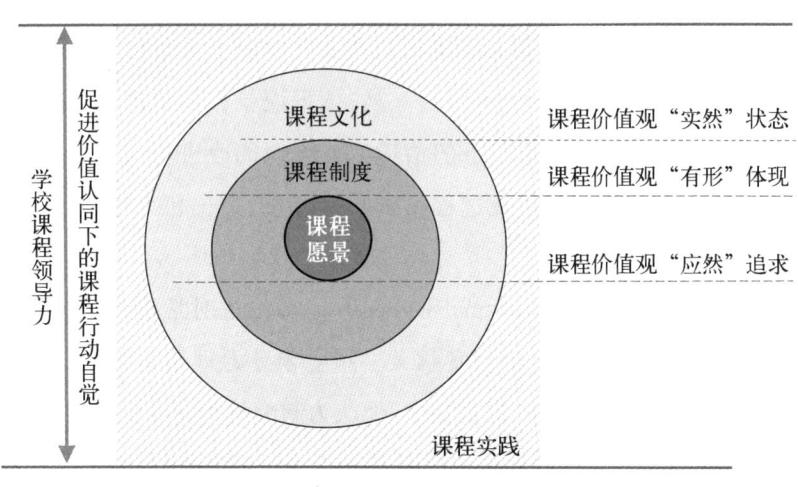

图3-1　学校课程领导力提升"同心圆"实践模型

认同下的课程行动自觉,提升学校课程领导力。实践是丰富多样的,提升学校课程领导力的实践模型并不唯一。

第一节
学校课程领导力提升实践模型的建构依据

提升学校课程领导力,追求学校内在整体性改变,注重考虑学校组织系统中诸多要素之间的关联与互促。学校课程领导力提升"同心圆"实践模型的建构,一方面是基于课程变革等相关理论,同时还强化了基于学校组织、指向价值认同、扎根课程实践等基本原则,旨在为提升学校课程领导力提供一个可以依循的行动框架。

一、实践模型建构的理论依据

领导力理论、课程变革理论、复杂性科学理论、学习共同体理论等都对学校课程领导力提升实践模型的建构具有借鉴意义。以下列举其中的部分加以说明。

1. 领导力理论

关于领导力理论的阐述详见本书第一章。

依据分布式领导理论,领导职能可以由每个掌握异质性知识的个体承担,领导和员工角色可以因任务的不同而互换;依据愿景型领导理论,愿景能提供行动的目标,帮助领导者超越当下的情境达成组织的改进与成长;依据文化型领导理论,领导过程和文化建设过程紧密联系,组织文化和领导力是组织获得永续发展的灵魂与基石。

此外,制度领导力(institutional leadership)理论也对学校课程领导力提升"同心圆"实践模型的建构颇具启发意义。制度领导力理论由组织社会学代表人物塞尔兹尼克(P. Selznick)最早提出,他认为制度就是在组织中融入价值观,组织发展中的制度会被一定程度地塑造并完善,此过程中领导者的作用就是对组织价值观进行促进和保护。领导者需要通过创造性的行动,将组织的使命和愿景制度化,以解决组织内部矛盾,实现一致性,增强组织成员对组织价值观的认同感,以应对组织的模糊性和不确定性。[1]

制度领导力理论揭示了领导者通过制度将个体领导力制度化在组织中,实现组织持续稳定发展的过程和结果,为超越领导者个体视角,从组织层面探索领导力提供新的理论依据。在上海市提升中小学(幼儿园)课程领导力行动研究中,也将学校课程制度建设作为行动的关键。

2. 课程变革理论

教师是影响课程改革成败的关键。课程改革成功的实质是教师对新课程从心理接受到行为落实的全面转变,表现为教师在课堂教学中践行新理念,使用新方法,对新课程实施具有良好的自我效能感。

关于课程改革中教师如何改变的研究,富兰的"三维度划分"与弗雷德(A. J. Fred)的"洋葱头"理论模型是代表性成果。

(1) 富兰的"三维度划分"包括课程材料、教学实践及教师对改革的信念与理解三个维度。其中,第一个维度指影响教师改变的物化形态、物质支持及其操作应用;第二个维度指教师外在的行为改变,特别是教师课堂教学行为的改变;第三个维度指教师内在的心理改变。只有当三个维度都发生了改变,才会产生实质性改变。富兰强调,心理改变是内隐的、最难发生的,往往需要较长的时间,但它是教师改变的基石,也是课程变革难以成功的原因。[2]

(2) 弗雷德的"洋葱头"模型(图3-2)显示,教师改变由外至内分为多层:最外层是环境,强调教师改变是教师通过实践即参与外界情境并在与之持续互动的过程中发生的;中间地带包括行为与能力两层,强调教师在外显的行为和专业能力上发生的变化;内部包括信念、身份与使命三层,是认知、信念、价值观的改变。弗雷德同样强调,教师改变的关键是教师心理的改变。[3]

两种理论虽然呈现方式不同,但实质思想基本一致。教师在课程变革中因

---

[1] 代江虹,葛京.制度领导研究述评与展望[J].外国经济与管理,2020(7):108-120.
[2] 富兰.教育变革的新意义[M].武云斐,译.上海:华东师范大学出版社,2010:25-28.
[3] 赵英.教师改变:一个亟待拓展的教师教育理论范畴[J].教育学术月刊,2013(8):78-82.

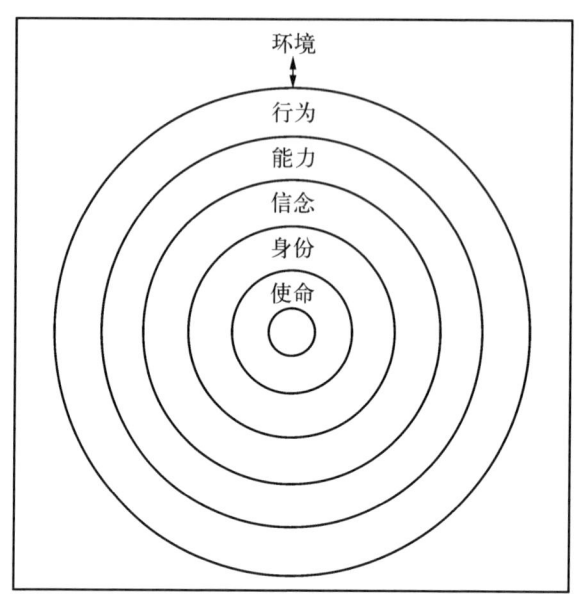

图 3-2 弗雷德的"洋葱头"模型

外部变革要求对自身心理状态和行为作出调整[1],沿着"实践新课程—行为改变—心理改变"的路线发展,其中内隐的信念、价值观等心理改变是最难的关键。[2]

3. 复杂性科学理论

"领导"过程关乎复杂多元的行为主体,涉及不同层次间的交互影响,是一种复杂的社会现象。加上学校课程实施本身就是一个复杂过程,课程领导更是"复杂上的复杂"。学校课程领导力涉及多种主体、多种过程、多种关系、多种内容、多种阶段……是众多因素相互作用"交织在一起的东西",不是简单的因果关系,而是多变量、非线性的关系。

复杂性科学对于课程领导力研究具有多方面的启发意义,提示我们应该有意识地转变思维方式,运用动态的、多元的、非线性的、生成性的复杂性科学方

---

[1] 靳玉乐,尹弘飚.课程改革中教师的适应性探讨[J].全球教育展望,2008(9):37-42.
[2] 王秀萍,王宁,刘琦.幼儿园课程变革中教师的改变机制[J].学前教育研究,2021(9):40-53.

法论指导学校课程领导力的提升实践。例如,在复杂性科学视野下,学校课程领导力的提升不能采用"分解要素、一对一培养"或者"哪儿不行补哪儿"的方式,而应该持生态取向,建立一个系统或者提供一片土壤耐心孕育,让课程领导者、课程领导力在这个复杂系统中自然涌现;在复杂性科学视野下,对于复杂的课程改革,依靠自上而下的单向命令可能是行不通的,需要建立一种扁平化的、推动多元主体之间平等互动和协商的平台,激发教师的活力,体现共治理念,促使整个系统随着环境的变化而调节自身的行为和结构,以提升系统的自适应性来应对课程改革的复杂性。

二、实践模型建构的底层逻辑

除了上文所强调的以课程制度为突破口外,学校课程领导力提升"同心圆"实践模型的建构还坚持基于学校组织、指向价值认同、扎根课程实践等底层逻辑。

1. 基于学校组织

相较于以往从局部突破的学校变革,课程领导力更强调整体意识,注重考虑学校系统与系统诸因素之间、各系统内部诸因素之间的联系;相较于以往自上而下的学校变革,学校课程领导力更强调立足学校本位,因为教育变革要取得成功,就要获得一种持久的发展动力,而这个动力必须来自学校本身。[1]

本书研究的核心词语是"学校课程领导力",它与以校长、教师等个人为主体的课程领导力有何不同?学校课程领导力必然包括校长和教师的课程领导力,但是两者的立足点不同。如果说校长、教师课程领导力提升侧重从个体角度思考和谋划,那么学校课程领导力更侧重从组织系统入手。组织是由两人以上的群体组成的有机体,是一个围绕共同目标,内部成员形成一定的关系结构和共同规范的力量协调系统。[2]学校整体视域下的课程领导力,一方面追求学校整体性的系统变革,而不是零敲碎打的局部变化;另一方面除了考虑人与人

---

[1] 胡惠闵.学校课程领导力的实践路径:基于学校课程规划编制视角的探索[J].基础教育课程,2014(3):24-29.
[2] 郑海航.企业组织论[M].北京:经济管理出版社,2005:11-13.

之间的直接相互影响外,还要考虑组织结构、制度规范、学校文化等组织要素在提升学校课程领导力中的作用发挥,寻找具体、有效的机制和路径,才能让学校课程领导力提升落到实处。

领导力作为影响组织长期发展的重要因素,可以源自组织内某位特定个体,也可以根植于组织体系本身。由于个体化的领导力不具备长期稳定性,如有的学校因为一位"好校长"的离任而迅速滑坡,组织更应当将领导力根植在组织自身的愿景、制度、文化等体系中,以实现组织的"自运行"和持续稳定发展。

2. 指向价值认同

课程改革首先应该关注价值引领。任何一项课程改革,不仅要从事实层面(教什么)和技术层面(如何教)作出思考,还要从价值层面(为什么)作出追问。价值思想的缺席是最可怕的缺席,价值思想的缺席是灵魂的缺席,一个缺乏组织灵魂的学校将会是一盘散沙。[1] 相较于以往由外而内的学校变革,课程领导力更强调从学校内在核心因素出发,注重从课程价值向学校文化的转化。

事实上,课程改革的核心就是课程价值观的升级与转型,如从培育学生"基本知识和基本技能"到"三维目标"再到"核心素养"的转变。国内外无数课程改革经验告诉我们,仅仅依靠自上而下的推动难以取得让人满意的效果,根本原因是"倡导的价值观"没有真正转化为教师"践行的价值观"。学校课程领导力提升"同心圆"实践模型以促进价值认同为第一要务,通过学校课程愿景建设、课程制度建设、课程文化建设,促进形成共享的课程价值观,引领和规范课程实践行为,建设学校课程领导共同体,形成支持教师自我发展的课程文化,催生学校内生性发展动力。

3. 扎根课程实践

相关研究指出,关于领导力的研究较少关注领导力的过程,将进程与结果联系起来可以推进领导力理论的发展。[2] 领导力来源于领导过程并最终要应用到领导过程中去。因此,应该从领导过程入手研究领导力的构成,影响群体

---

[1] 程红兵.课程文化建设及其影响的实践研究[D].上海:上海师范大学,2010:174.
[2] 丁,罗德,加德纳,等.西方领导力前沿理论与视角变化[J].中国领导科学,2018(6):51-57.

或组织的目标及其实现过程。[1]

价值观固然重要,但最终要将其转化为具体的课程实践行为。课程实践既是学校课程领导力的"用武之地",也是学校课程领导力的"孕育摇篮"。学校课程领导力提升需要在"沟通和交流"中相互影响,也需要在学校课程的"行动与合作"中实现深度影响。学校课程领导力的提升应该融入学校课程建设全过程,包括课程规划、课程实施、课程评价、课程保障等各个方面。通过课程实践把价值观化为行动,把愿景化为现实,把困难化为创新,激发每一位课程相关人员抓住课程改革的机会,共同建设"没有最好,只有更好"的学校课程。

第二节
学校课程领导力提升实践模型的要素结构

在学校课程领导力提升"同心圆"实践模型中,"课程愿景""课程制度""课程文化"依次构成同心圆的内外三层,形成一个有机的整体。其中,最内层是课程愿景,代表学校课程价值观的"应然"追求,为学校课程领导力提升领方向、增动能;中间层是课程制度,是学校课程价值观的"有形"体现,引领和规范课程实践行为,促进价值观念付诸行动;最外层是课程文化,反映的是学校课程价值观的"实然"状态,是佐证学校课程领导力提升的最佳证据。

"课程愿景""课程制度""课程文化"三个要素在学校"课程实践"的过程中相伴共生、相辅相成,以促进价值认同为第一要务,让国家倡导的课改理念真正转化为教师践行的教学观念,带动教育教学行为的实质性改变,使课程改革在校园中深度发生。

一、课程愿景:形成共享的课程价值观

课程愿景是学校课程领导力提升"同心圆"实践模型的最内层,"领"方向,

---

[1] 中国科学院"科技领导力研究"课题组,苗建明,霍国庆.领导力五力模型研究[J].领导科学,2006(9):20-23.

是最核心的部分。课程愿景是学校课程价值观的集中表达和生动呈现,影响学校课程行为倾向和行为选择,它决定了课程制度和课程文化的价值取向。

1. 课程愿景的基本含义

课程愿景是学校课程发展的理想和蓝图,包括课程使命、未来图景、核心价值观、毕业生形象追求等,是对学校课程价值观的集中表达和生动呈现。后现代课程观的代表人物多尔(W. Doll)对于课程愿景采用了"幽灵"的隐喻,来说明它的"无处不在与过程性""穿越时空与全局性""神秘莫测与复杂性"。[1]

学校课程愿景的建构首先要遵循国家教育方针,体现国家意志,落实国家育人要求,然后再考虑校本特色和个性追求。课程愿景代表学校课程价值观的"应然"追求,反映学校和教师对学校课程设计与实施过程中所涉及的价值关系的认识及评价,以及在此基础上所确定的行为取向。它体现了学校对于什么是好课程、什么是好教学、什么是好教师、教什么、如何教等一系列学校课程基本问题的思考,并以此作为重要依据之一来制定学校课程规划,实施课程教学。学校课程愿景在一定意义上决定了学校课程的价值定位、行动原则和发展追求。所以,多尔认为课程愿景是学校课程发展的"灵魂",是一个非常适切的隐喻。

2. 课程愿景的作用和意义

愿景是对"我们想要创造什么"的回答。共同愿景,特别是有内在深度的愿景,能够激发人们的热望和抱负,是变革中的重要力量之一。通过愿景的建构,能够促进组织成员对组织追求的根本目标、肩负的基本使命及坚守的基本价值观等达成一致的理解和认知。

(1) 课程愿景为学校课程领导力提升"领方向"

课程愿景为学校课程领导提供价值引领,为课程主体的行为倾向和行为选择提供适切逻辑。马尔希(J. G. March)和奥尔森(J. P. Olsen)认为[2],人类行为有两大基本逻辑:后果逻辑(logic of consequentiality)和适切逻辑(logic of

---

[1] 多尔,高夫.课程愿景[M].张文军,张华,余洁,等译.北京:教育科学出版社,2004:26-81.

[2] March J G, Olsen J P. The Logic of Appropriateness[A]. Goodin R E. The Oxford Handbook of Political Science[C]. New York: Oxford University Press, 2009: 478-498.

appropriateness)。后果逻辑是指个体出于对自己行为可能后果的估计,尤其是计算利益得失而作出特定行为选择。适切逻辑则认为个体的行为是遵从规则(rule following)的结果,个体考虑的是自己的行为是否符合特定的环境、身份和角色。简单地说,许多人之所以实施某种行为,不是因为这么做是有利的,而是因为他们认为这么做是对的、适切的。

相对而言,教师的教学工作不是立竿见影"见后果"的工作,而且教师的工作具有很大的个体自主性。在两种逻辑中,适切逻辑更适合运用于解释教师的行为选择。教师教育教学行为的选择更多依从自己内心认可的规则,受课程价值观支配和影响。学校课程愿景所表达的价值观,必然会影响学校课程目标的确立、课程决策的行为、课程策略的选择和课程评价的结果。不同的价值观会导致不同的课程行为和结果,不同的课程行为和结果反映其背后价值观的差异。

(2) 课程愿景为学校课程领导力提升"增动能"

课程愿景能够激发课程主体开展课程创新实践的意愿和动力。课程愿景凝聚了学校校长和教师对于学校课程的情感寄托、思想观点和价值取向,具有学校独特性。美好的课程愿景为课程改革赋予更高立意,让人心向往之,激发学校成员的能动性和创造力,产生强大的内驱力和凝聚力。课程愿景是学校成员共同的内心图景,这样的图景让组织生成了一种共同性,能够对组织成员的各项行为产生一种无形的规约,使得成员间的行动保持连贯与一致。[1] 课程愿景作为一种前瞻性思维,也可以帮助学校看清机遇和挑战,使学校在课程改革遇到困惑或受到诱惑时,能够坚定地朝着正确的方向前进。

二、课程制度:引领和规范课程实践行为

课程制度是学校课程领导力提升"同心圆"模型的中间层,"导"过程,发挥承"里"启"外"的作用:承"里",课程制度是学校课程价值观转化为课程主体课程行为方式和行为习惯的重要中介;启"外",课程制度本身也是学校课程文化

---

[1] 圣吉.第五项修炼:学习型组织的艺术与实践[M].张成林,译.北京:中信出版社,2009:303.

的重要组成部分。

课程制度是"同心圆"实践模型中最具象、最稳定、最易于把握的要素,因此也成为学校课程领导力提升的行动关键。

1. 课程制度的基本含义

国家、地方和学校三级课程管理制度的确立,对学校课程制度建设提出了更高要求。课程制度建设是学校课程发展与课程实践的基本任务,虽然它体现为学校层面的积极作为,但是必须在国家课程方案的引领之下,在国家课程政策的允许范围之内。因此,学校课程制度建设实际上是学校更好地落实国家课程制度、执行国家课程意志的过程。

(1) 课程制度的概念

制度最基本的含义是要求大家共同遵守的行为准则或办事规程。1993年诺贝尔经济学奖得主之一,美国学者诺思(D. C. North)创立了制度变迁理论,他认为,制度是一个社会的博弈规则,或者更规范地说,它们是一些人为设计的、形塑人们互动关系的约束。[1]制度可以看作群体行动者共享的,并在实践中不断被重复践行的标准或模式,涉及认知、态度、行为等多个层面。

学校课程制度是学校成员应该共同遵守的,为落实国家课程方案和相关课程政策,有效促进学校课程规划与实施、管理与评价而建构的一系列价值规范和行动准则,是学校达成课程目标与实现课程愿景的重要手段与途径,也是学校实现课程自主更新的内在机制。课程制度是学校课程价值观的具体化表达,以普遍的约束力规范成员的行为,能够通过一系列载体对组织成员潜移默化地起到教化作用,促进成员社会化。[2]

制度是一个社会或组织赖以存在和运行的基础,从以上对制度的界定中可以发现,制度具有两个最基本的作用:第一,制度是一种人为设定的行为规则,通过对人的行为的约束和改变,建立社会发展的秩序环境;第二,制度是不断变迁和创新的,通过制度创新可以促进社会的发展。

---

[1] 诺思.制度、制度变迁与经济绩效[M].杭行,译.上海:格致出版社,上海三联书店,上海人民出版社,2014:3.

[2] 和学新,张丹丹.论学校课程制度[J].全球教育展望,2011(2):22-27.

(2) 课程制度的类型

在新制度主义看来,制度有三种基本类型,这三种制度经常同时存在于一套大的制度体系中,所以它们也被称为制度建构的三个要素[1],具体包括:① 规定的(regulative),指各种明文规定。它告诉我们"必须"做什么,对行动者具有清晰的约束效力。② 规范的(normative),指人们达成的一些共识性规范,如专业规范、社会期望等。它告诉我们"应该"怎么做,能够引导行动者的行为。③ "文化-认知"的(cultural-cognitive),指人们形成的与制度相符合的"文化-认知"模式。它使处于特定情境中的人们以某种特定的方式思考问题成为一种"理所当然"之举。就制度体系而言,还包括各种制度的运作机制,指为了确保制度得以执行的相关流程、要求等制度性安排,它是制度体系中的重要环节。

在学校课程制度体系中,也存在着以上几种类型的制度。侧重"规定的"制度,是教师必须遵照执行的章程,如"课堂教学'十不'规范""学生作业布置与批改基本要求"等,主要以约束人的行为为目的,使教师明白"什么可为,什么不可为";侧重"规范的"制度,常常体现专业取向,具有引导性,使教师明白"怎样做是好的,可以怎样去做",如学校课程实施规划、单元教学设计指南等;侧重"文化-认知"的制度,常常不通过文本呈现,而被大家默认为"这件事情就应该这样完成",如在校本研修中开展课例研究,就应该经历"三阶段两反思"等。除此之外,还包括学校课程制度运行过程中形成的相对稳定和各具特色的行为模式,如学校课程规划编制的基本流程、校本课程研发与审定机制等。这些制度在学校课程建设过程中反复运行,所以制度也被认为是指稳定的、受到尊重的和不断重现的行为模式。

在提升学校课程领导力的过程中,尤其需要关注侧重"规范的"制度建设及其实施机制的建设。事实上,学校中绝大多数课程制度都属于"规范的"制度,是引导、建议、鼓励类的制度,不附带行政性惩戒措施,需要通过集体成员的认同、内化而产生影响。这类制度往往是学校在长期实践中积累起来的。在上海市提升学校课程领导力的行动研究中,为了减小课程改革中的"课程落差",着力

---

[1] 廖辉.学校课程制度变革的路径分析[J].课程·教材·教法,2013(11):3-9.

开展了学校课程实施规划、课程实施纲要、单元教学设计等系列化课程制度文本编制、实施、评估与完善的研究。从"学校课程"到"教师课堂",通过课程制度建设提升学校课程实施过程中的一致性,保持课程价值追求的统一性。相关内容可以参考本书第五章、第七章。

2. 课程制度的作用和意义

在以一定的思想和观念推行学校改革时,必然需要伴随着组织制度的设计与创新,才能真正把新的观念或理想变为现实。许多学校课程教学改革或是"小打小闹,不成系统",或是"昙花一现,难以为继",一个重要原因在于学校未能建立具有统一价值立场和行动规范的课程制度。课程制度可以成为学校推进课程改革的过程支持和导引,这种模式往往能够取得理想的改革效果。[1]

(1) 课程制度是将课程价值观转化为教师课程实践的重要中介

首先,课程制度是学校课程价值观的具体化"有形"体现。任何一所学校的制度都是在一定的价值观指引下制定出来的,制度反映学校的价值追求。课程制度实施的过程也是学校课程价值观实现的过程。

其次,制度是学校系统中最稳定、最便于把握、最强有力的组织手段,课程制度可以使教师的行为得到规范和改变。不过,前提是要将课程改革的一系列要求体现在学校课程制度之中,并能得到教师的认同和内化,这是一个循序渐进的过程。

(2) 课程制度为学校推进课程改革提供过程支持和导引

关于课程改革的过程,富兰提出了三阶段理论:① 启动(initiation)阶段,指那些导致人们决定发起变革的过程;② 实施(implementation)阶段,指将变革方案付诸实践的过程;③ 制度化(institutionalization)阶段,指将变革转化为学校课程系统与教师日常实践的一个常规组成部分。[2] 由此可见,"制度化"作为课程改革的最后一个阶段,是为了确保课程改革能够按照合理、规范的要求进行,让新的课程理念、课程实施方式或评价方式等走向常态化,成为师生日常

---

[1] 廖辉.学校课程制度变革的路径分析[J].课程·教材·教法,2013(11):3-9.
[2] Fullan M. The New Meaning of Educational Change[M]. New York: Teachers College Press, 2007: 65.

教与学的状态。因此,课程制度为学校推进课程改革提供过程支持和导引;如果没有健全、合理的制度予以保障和约束,课程改革的深入推进几乎无法实现。

从富兰的三阶段理论可以看出,课程改革是"动态"的,而课程制度常常被认为是"静态"的,它们之间似乎存在矛盾。其实不然。制度不仅仅是文本,更不是静态的文本,学校课程实施规划、各门课程的学校实施纲要等课程专业制度应该伴随课程改革的推进而不断变迁和创新,发挥过程支持与导引作用。将课程理念落实到课程行为,中间需要内容、方法、技术、工具等支持。除了发挥其本身具有的约束、规范、激励等功能外,课程制度对于课程改革推进最重要的支持体现在内容、方法等维度的丰富和积累上。例如课程改革倡导"培养学生创新精神",如果仅仅把这条理念写入课程制度是没有意义的,需要立足课程目标、课程内容、课程实施、课程评价等课程要素,开展实践研究,寻找具体落实的途径和方法,将成熟有效的经验成果纳入课程制度,推广实施,才可能让课程理念、价值观等真正落地。因此,学校课程制度的编制不是一蹴而就的,而是伴随实践不断"计划—实施—评估—完善"动态生成的研究过程。这个过程的实质就是学校课程改革推进的过程,在课程制度一轮一轮的迭代更新中,逐步逼近课程改革目标的实现。

(3) 课程制度为学校课程主体之间相互影响提供行为框架与合作载体

课程领导力的本质是一种影响力,课程制度为学校课程主体之间相互影响提供行为框架与合作载体。

一方面,这是制度的本质属性。课程制度本身就是在学校场域内,用以规范、约束各类课程关系的规则、规范和运作机制,它决定了学校课程主体之间互动合作的领域、方式、要求和程序等,提供互动行为框架。

另一方面,学校课程制度兼具工具性和价值性。围绕学校课程制度开展"编制—实施—评估—完善"的过程,也是教师合作、交流、分享、研讨的行动载体,是具有制度化目的的制度学习和校本研修,让每位教师有机会成为课程决策的主人,这有利于促进制度的认同和内化,产生根本性影响。诺思在进行制度形态划分时也强调,非正式规则作为一种社会普遍认可的准则,更多以说服、劝导的形式进行规约,通过集体成员的内化而产生影响。

三、课程文化：建设学校课程领导共同体

课程文化是学校课程领导力提升"同心圆"实践模型的最外层，它所展露的是学校课程价值观的实然表现。如果说课程愿景、课程制度表达了学校所倡导的"应然"价值观，那么课程文化体现的就是学校课程主体真正践行的"实然"价值观，两者可能一致，也可能有落差，甚至背道而驰。课程文化也是一种内在的、无形的规约，对教师课程行为起着潜移默化的影响作用。课程文化的转型和提升，是课程改革真正实现的根本性标志，也是学校课程领导"力"提升的最佳证据。

1. 课程文化的基本含义

文化是人类社会的特有现象，是一个共同体在历史中形成的共同记忆、知识、价值观和社会关系的总和。人与文化之间存在着辩证的关系，人创造了文化，文化又会反过来塑造人。文化型领导理论的代表人物沙因提出，一个群体的文化可以被定义为群体在解决外部适应性和内部整合性问题的过程中所积累的共享习得的产物；其有效性已被充分证明，因此，被传递于新成员之间，要求他们以正确的方式来认知、思考、感知和行动。这种累积式的习得是一种建立在理所当然的基本假设基础上的，并最终以无意识状态存在的信念、价值观和行为规范的模式或系统。沙因还提出了分析文化的三个层次：① 人工饰物；② 信奉的信念和价值观；③ 潜在地认为理所应当的基本假设。[1]组织文化被描述为影响组织成员行动、将不同组织区分开的共享价值观、原则、传统和行事方式。在大多数组织中，这些共享价值观和惯例经过长时间的演变，在某种程度上决定了"这里的事情应该如何完成"。[2]

关于课程文化，也存在着不同的理解。我国学者裴娣娜认为，课程文化作为现代学校文化的重要内容和学校教育活动的生存方式，是指按照一定社会发展阶段对下一代获得社会生存能力的要求，对人类文化进行选择、整理和提炼

---

[1] 沙因.组织文化与领导力[M].陈劲,贾筱,译.北京：中国人民大学出版社,2020：6-17.
[2] 罗宾斯,库尔特.管理学[M].刘刚,梁晗,程熙镕,等译.15版.北京：中国人民大学出版社,2022：74-76.

而形成的一种课程观念和课程活动形态。[1] 邱芳婷认为,课程文化包括课程选择的文化和课程主体文化两层含义,也就是说,课程文化既是一种对社会文化的选择、整理和提炼,也是一种课程主体围绕课程活动形成的课程观念和课程活动形态。[2] 课程文化是学校文化的重要组成,其内核是课程价值观,外显于学校课程的目标、内容、实施和评价等课程整体样态中,更外显于学校师生的行为方式和自然形成的"习惯"之中。

2. 课程文化的作用和意义

积极进取的课程文化能够为学校推进课程改革创设良好的心理氛围,提供潜在的精神动力。但是,改变文化是一件很难的事,需要一个长期的过程。

(1) 建设与课程改革相匹配的课程文化,潜移默化影响学校中的每一个人

课程改革是否真正取得实效,关键要看有没有建设形成与之相匹配的课程文化。课程价值观通过制度的强制手段可能得到实现,但价值实现的程度如何,价值观念的真实状态如何,从制度那儿并不能得到检验。它恰恰反映在学校的课程文化中,可以说,文化是考察或"映照"价值观念真实状态的"镜子"。[3] 例如,学校倡导"实践性学习",结果到底有没有真正落实,要看这种学习方式是否被学校中大多数教师自觉运用到大多数适合运用这种学习方式的学生学习中去,即有没有成为大家的一种习惯性行为倾向和行为方式,成为一种文化。

文化也是一种内在的、无形的制度,常常以内隐的方式对人产生强大的影响作用。课程文化表现为校园中人们开展教与学的一种生活方式,自然地弥漫、渗透在日常课程活动的细节之中,人们生活在其中,通过相互观察与模仿,不断习得并强化。我们常常发现,在同一个组织中,个体的行为会趋于一致,这是由行为的受影响机制决定的。因此,学校课程变革的真正发生,需要在改革推进中培育与之相匹配的课程文化,反过来再通过文化潜移默化地影响学校中的每一个人。唯有如此,才能使改革走向纵深。

---

[1] 裴娣娜.多元文化与基础教育课程文化建设的几点思考[J].教育发展研究,2002(4):5-8.
[2] 邱芳婷.中国基础教育课程文化价值追求研究[M].北京:中国社会科学出版社,2018:45.
[3] 胡惠闵.校本管理[M].成都:四川教育出版社,2005:72-73.

(2) 建设学校课程领导共同体,让学校中的每一个人都成为课程改革的主体

所有组织都有文化,但并非所有文化都能同等地影响组织成员的行为。只有那些核心价值观被广泛和深度共享的组织文化,才能对组织成员产生深远的影响力。学校中达成价值认同的教师越多,大家对价值观的承诺度就越高,就越清楚自己应该做什么以及学校对自己有什么期待,并能主动将其付诸实践,引发价值认同下的广泛合作。这就是我们常说的课程文化自觉。当教师对课程与教学有了理性认识和价值判断后,形成自我的课程信念和准则,并能自觉践行和主动追求,不断提升创造性实施课程的自主能力,增强课程改革中的自我效能感,真正成为课程改革的主体。

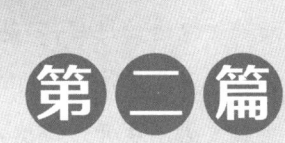

第二篇

行动框架：

从理念到实践

本篇导语

最好的变革，是一种润物无声、潜移默化的渐变，就像智能设备与我们生活深度融合，改变了我们的生活方式那样。学校课程领导力并不意在命令、控制他人，而是旨在通过愿景建构、制度引导、合作共享、文化重塑等专业影响的方式，促进教师内化课程改革理念，在实践中作出正确的价值判断和行为选择，提升课程改革实施的专业能力，共同实现学校课程育人目标和发展目标。"同心圆"实践模型为学校课程领导力提升提供了一个从理念到实践的行动框架，这是一个渐进的过程，不是一蹴而就的。

本篇主要依循"同心圆"实践模型中的课程愿景、课程制度和课程文化三个关键要素而展开。诚然，每一个要素都是一个"庞大"的话题，本篇只是基于实践探索，聚焦核心经验，择要进行诠释和说明。

第四章《"领"方向：凝聚价值追求的课程愿景》主要讨论对于学校课程愿景的实践认识，分析其要素组成和基本特征。课程愿景为学校课程领导提供价值引领，结合学校实践案例，围绕学校课程愿景在实践中该如何建构、传播与践行等提出相关行动要义和行动策略。

第五章《"导"过程：促进政策落实的课程制度》主要论述学校课程制度对于国家课程政策落实的价值意蕴，建构了保障政策落实的系列化学校课程制度，包括学校课程规划、各门课程的校本实施纲要、单元教学设计等，对各类课程制度的基本要素、编制流程和实施原则等作说明。通过建立一套体现专业规范的课程制度,落实国家课程政策要求,彰显学校课程价值追求,引领教师课程实践行为,伴随学校课程持续改进,提升学校课程领导力。

第六章《"力"提升:彰显经验共享的课程文化》主要论述促进"经验共享"是学校课程领导共同体建设的重要策略之一,建构了"经验共享"的行动路径,探索了促进"经验提炼""经验迁移"的可视化支持策略。通过经验共享,将符合课程改革价值追求的少数人的经验变成多数人的智慧,将少数学科的做法变成多数学科的规范,从而使改革发生在学校组织层面而非教师个体层面,促进课改深化,培育课程文化,赋能学校课程高质量发展。

"课程愿景""课程制度""课程文化"三者构成一个"同心圆"整体,扎根在课程实践之中,相伴共生、相辅相成,共同致力于促进教师等课程主体对学校课程价值观认同基础上的课程行动自觉,提升学校课程领导力。实践是丰富多样的,提升学校课程领导力的实践模型并不唯一,"同心圆"实践模型仅仅是其中之一,让学校课程领导力提升在实践中有"路"可循。

我们生活在一个变动不居的时代,与其把变革看成一个不得不面对的难题,不如去研究它,发现它是如何运作的,从而思考该如何去推动这个过程。

第四章
"领"方向：凝聚价值追求的课程愿景

马克斯·韦伯（M. Weber）说："人是悬挂在自己编织的意义之网上的动物。"任何外部的激励方式，都很难从根本上改变一个人的行为，面对改革的人们需要寻找改革对于自己的意义感和使命感。上海课改30年的经验告诉我们，"课改的共识到哪里，改革就推进到哪里"[1]。课程改革，需要与教师的内心需求产生连接；提升学校课程领导力，需要通过塑造价值认同的课程愿景"领"方向，形成学校共享的课程价值观念系统。

愿景型领导被认为是现代学校发展的重要特征之一。随着基础教育课程改革的不断深入，也随着学习型组织建设等理念被广泛认同，基于愿景引领的学校课程建设逐渐成为中小学课程改革的一种潮流和方式。[2]一个不争的事实是越来越多的学校在工作汇报交流中，言必谈及学校课程理念、课程愿景或者课程价值观。对课程愿景的关注和重视，体现了学校课程意识的提升和对课程价值的主动追求。

但是，愿景引领的学校课程建设在实践中面临许多困难和困惑。部分学校课程愿景与课程建设之间关联甚微[3]，有的学校仅仅把课程愿景作为一种宣传、动员的口号。分析其背后的原因，一方面，对于我国中小学而言，课程愿景只是一

---

[1] 上海市教育委员会教学研究室.课改亲历者说[M].上海：上海科技教育出版社，2018：35.
[2] 陈凤娟.基于愿景引领的学校课程建设的个案研究[D].徐州：江苏师范大学，2017：1.
[3] 闫寒冰,李玉,崔子建.愿景驱动的校本课程体系规划模式构建：基于教育设计研究的案例实践[J].基础教育课程，2022(13)：28-37.

个"新名词",对其认识还不够深刻,相关研究和积累较少,缺少可资借鉴的经验;另一方面,学校课程愿景的建构、传播与践行是一个复杂的过程,其本身就蕴含着学校课程创新、创造和创生的历程,这对学校课程团队尤其是学校课程领导者的理论水平和实践能力提出了更高要求,需要在实践中不断发展提升。在上海市提升中小学课程领导力行动研究中,对于学校课程愿景该如何建构、如何传播、如何促进共识等问题作了一些初步探索,形成了一些基于实践的初步认识。

第一节
学校课程愿景的要素与特征

"愿景"是人们对未来的憧憬和想象。从词义学的角度来看,"愿"就是愿望,"景"表示景象;从心理学的角度来看,愿景是一种关于未来的心智图像,描述了一个吸引人的未来;从心理学的角度来看,愿景是理想的一种表达,以及组织存在的目的和理由,旨在回答"我们究竟要努力实现什么"的问题。[1]

学校课程愿景是从现状出发对于学校课程未来的一种有远见的想象和憧憬,集中反映学校课程价值观。价值认同的课程愿景可以统一学校课程建设思想,明确学校课程发展方向,引领课程实践行为,渗透到学校每一项课程决策之中。现实与愿景之间的"创造性张力"能够给人带来自我超越的力量,激励学校团队为此共同努力,所以领导力也常被定义为"愿景转化力"。

一、学校课程愿景的要素组成

实践中,学校课程愿景常常被理解并表达为一句高度浓缩的话语,甚至只是一个词语,这样是否合适?课程愿景与学校办学理念、课程哲学等众多概念之间是什么关系?这些问题常常困扰着实践中的人们。

1. 愿景的要素组成

关于愿景的构成要素,已有研究中主要有两种代表性观点。

---

[1] 胡佛.愿景[M].薛源,夏扬,译.北京:中信出版社,2008:153-154.

(1) 美国管理学学者柯林斯(J. C. Collins)和波勒斯(J. I. Porras)在研究中指出构成愿景的两个要素：核心理念(core ideology)和未来展望(envisioned future)。核心理念反映了企业长久以来的一些特征，主要包括核心价值观(core values)和核心目标(core purpose)两部分。核心价值观是组织的信条和一系列基本原则(essential tenets)，核心目标是组织存在的最根本理由。而未来展望也由两个部分组成，一个是宏伟、艰难、大胆的10—30年的长期目标，另一个是生动描述的近期目标。[1]

(2) 圣吉(P. M. Senge)在《第五项修炼——学习型组织的艺术与实践》(*The Fifth Discipline: The Art and Practice of the Learning Organization*)中提出，需要把愿景植根于指导性理念之中，建立共同的愿景其实是更大的指导性理念中的一部分，这种更大的理念主要包括三个要素：① 愿景，回答"是什么"，即我们追求创造的未来图景；② 使命，回答"为什么"，即"我们存在是为什么"，是组织的志向目标，是组织发展的价值源泉；③ 核心价值观，回答"怎么做"，即"我们怎样做才能符合我们的使命"，从当下现实走向未来愿景的实现。这些价值描述组织在追求愿景的过程中如何进行日常生活和行为。[2] 例如，华特迪士尼公司(The Walt Disney Company)企业的共同愿景如下所示。

【案例】

华特迪士尼公司的使命、企业愿景与企业价值观

使命：让人们感受到快乐。

企业愿景：成为全球性的超级娱乐公司/成为世界上最受尊敬的公司之一。

企业价值观：

1. 创新(innovation)：迪士尼一直坚持创新的传统。

2. 品质(quality)：迪士尼不断努力达到高质量标准，进而做到卓

---

[1] Collins J C, Porras J I. Building Your Company's Vision[J]. Harvard Business Review, 1996(10)：65-77.

[2] 圣吉.第五项修炼：学习型组织的艺术与实践[M].张成林,译.北京：中信出版集团, 2018：226-227.

越,在迪士尼品牌的所有产品中,高质量都是必须保证的。

3. 共享(community):对于家庭,迪士尼一直创造积极和包容的态度,迪士尼创造的娱乐可以让不同年龄的人共享。

4. 故事(storytelling):每一件迪士尼产品都会讲一个故事,永恒的故事总是给人们带来欢乐和启发。

5. 尊重(decency):迪士尼尊重每一个人,迪士尼的乐趣是基于自己的体验,并不取笑他人。

综上,两种代表性观点虽然在维度划分和表述上存在差异,但是一致认为,愿景应该体现组织所秉持的核心价值观、想要达成的核心目标,以及目标达成时的未来图景。

2. 学校课程愿景的要素组成

塑造价值认同的课程愿景,旨在形成学校共享的课程价值观念系统。正如圣吉所言,应该把愿景植根于一个更大的指导性理念中,才能更好地发挥其实践引领价值。如果仅仅把课程愿景理解为学校课程的"未来图景",用非常凝练的一个词或一句话来表达,或许会压缩课程愿景传播、共享、发挥影响力的空间。

(1) 课程愿景的四要素组成

为了便于理解和区分,也为了更好地开展课程愿景领导,可以将学校课程愿景分成"狭义"和"广义"两种。狭义的课程愿景是指课程发展的未来图景,是对未来课程的生动刻画和描述;广义的课程愿景应该包括课程使命、课程未来图景(狭义的课程愿景)、课程价值观、毕业生形象四大要素,具体如表 4-1 所示。

表 4-1 学校"广义"课程愿景要素组成

组成要素	要素指向
课程使命	回答"为什么",即"我们学校的课程为什么而存在",表述学校课程核心目标,常常与"学校办学使命"一并思考

续　表

组成要素	要素指向
课程未来图景（狭义的"愿景"）	回答"是什么",即"我们学校的课程未来将发展成什么样子",表述学校课程未来图景,常常与"学校发展未来图景"一并思考
课程价值观	回答"怎么做",即"我们怎么做才能符合我们的使命,才能达成课程未来图景",表述学校课程建设的基本实践原则和行动准则,梳理学校在实践中形成的价值认识,按重要性依次排序,形成学校的价值观体系
毕业生形象	回答"课程育人追求",即"从我们学校毕业的学生应该具备哪些特质",表述学校对本校毕业学生的素养期待

课程改革中,应该把"狭义的愿景"置于"广义的愿景"之中。课程使命、课程未来图景、课程价值观和毕业生形象四大要素,构成一个整体的、立体的、富有弹性的学校课程愿景体系,让学校课程愿景成为一个"可喻之义(teachable point of view)"[1],能更好地传播和践行。

(2) 课程愿景可以和学校中的相近概念"合并同类项"

目前,实践中存在一种现象或困惑:学校中"概念"太多,如办学理念、办学使命、办学目标、课程理念、课程哲学等,名目繁多,让人眼花缭乱,执行起来难度很大,实际效用却往往有限。在提升学校课程领导力的实践探索中,我们也曾经担忧这样是否会为学校的"概念丛林"再添上新的一株。实践表明,价值领导是课程领导力的制高点,叩问"为什么做"比思考"怎样做"更重要。如果缺乏价值感和意义感,那么最多成为"课程管家",却不可能成为一个真正的课程领导者。

实践中,课程愿景及其组成要素可以和学校中的相近概念"合并同类项"。办学理念、办学使命、办学目标、教育哲学、课程理念、课程哲学等,这些概念均指向学校教育的本质,不过是采用了管理学、课程理论、哲学等不同语言体系中的不同表达方式罢了。例如,在西方教育发达国家,办学理念一般称为"学校使

---

[1] 蒂奇.领导力循环[M].杨斌,译.杭州:浙江人民出版社,2014:69.

命",它的上位概念是"学校教育哲学"。学校教育哲学由学校使命、发展愿景和育人目标组成。在中国,办学理念的上位概念是"办学思想",它由办学理念、发展定位和培养目标组成。西方学校教育哲学的三个组成部分与中国办学思想的三个组成部分有着一一对应的关系。学校使命和办学理念、发展愿景和发展定位、育人目标和培养目标讨论的内容大致相同。

课程愿景是基于课程改革背景提出的,四要素组成的课程愿景在内涵上与课程哲学的核心基本接近。实践中,建议学校对常用概念、名词进行梳理和简化,采用同一种语言体系作表述,或者"合并同类项",或者"共通兼用"。例如,学校课程使命可以与学校办学使命一并思考,学校课程未来图景可以和学校发展未来图景一并思考。一方面,太多的理念系统对于学校而言似乎并不十分必要;另一方面,学校的办学愿景和使命在很大程度上需要依靠学校课程来实现,学校的办学理念往往也是基于对课程、教学的深刻认知提炼而成的。这样做,可能在学理上有一点模糊,但是,概念是思想和行动的工具,应该为更好的实践服务,而不能让人们"为概念所累"。只要能够做到逻辑自洽、统一认识,对学校课程与教学实践真正发挥指导引领作用,就是概念运用于实践的价值所在。

上海市静安区教育学院附属学校(以下简称"静教院附校")的学校/课程愿景如下所示。和大多数学校一样,静教院附校也没有清晰地区分"学校"和"课程"的使命、愿景、价值观,两者共用一套主导理念。学校提出的"遵循学生的认知规律,让学生成为健康的自然人;遵循学生的发展规律,让学生成为适应未来的社会人",既可以作为学校办学使命,也可以作为学校课程使命。

【案例】

静教院附校使命、愿景与价值观

学校/课程使命：遵循学生的认知规律,让学生成为健康的自然人;遵循学生的发展规律,让学生成为适应未来的社会人。

学校/课程愿景：成为一所面向未来、依靠自我能够可持续发展的现代学校。

学校/课程价值观：

1. 轻负担，高质量。

2. 按学生最佳发展期设课，创学生最近发展区施教。

3. 后"茶馆式"教学：学生自己能学会的，教师不讲。

……

毕业生形象：培养"刻苦学习，快乐体验"，讲诚信、明责任、懂互惠，具有自我教育力的学生团队。

二、学校课程愿景的基本特征

没有共同的课程价值观，就没有课程领导共同体。共同的课程愿景是课程主体共同致力于学校课程实践的动力源泉和协同基础，从根本上引导着学校课程的发展方向和演化进程。学校课程愿景通常表现为理想性和现实性的统一、价值性和动力性的统一，以及稳定性和动态性的统一。

1. 理想性与现实性的统一

学校课程愿景是一种"未来取向"的思考，在过去、现在与未来之间建立联结。它是学校在理性认识和实践认识相结合的基础上，对学校课程未来发展作出的积极构想，具有明确的未来意图。

但是，愿景不等同于理想或梦想。愿景具有现实性，课程愿景来源于学校课程实践，并作用于学校课程实践。相比之下，愿景也更具有实现的可能性，既包括对学校课程"朝何处发展"的指引，也包含对"该做什么"的指引。或者说，愿景比理想、梦想对实践的指引更为具体。

2. 价值性和动力性的统一

课程愿景是学校课程价值观的集中反映，影响课程主体的行为倾向和行为选择，并将之内化为内在意识和自觉行为。正是基于这个意义，课程愿景为学校课程发展指引方向，为学校课程领导共同体的形成奠定协同基础。

课程愿景的动力性体现在对它"磁铁"和"创造性张力"的两个隐喻中，从根本上说动力也是由愿景的价值性引领并激发的。"磁铁"通常用来比喻未来愿景产生的吸引力,愿景就像磁铁一样,通过吸引力将现在拉向预想的未来,并凝聚集体中的每一个人。"创造性张力"是指人们在认清愿景与现状之间的差距时,产生一种"身不能至,心向往之"的心智力量,是人们创造力的来源。

3. 稳定性与动态性的统一

学校课程愿景一旦确定,就应该在较长一段时间内稳定推进。只有保持一定的稳定性,愿景才能为学校课程提供一个清晰的前进方向和稳定的指导原则,把学校课程发展聚焦在一个核心焦点目标上,促成学校课程的创造性演化。

但是,课程愿景具有稳定性,这并不意味着学校课程愿景一旦确定就不能改变。时代在前进,社会在发展,教育环境在变化,学校课程愿景也应该与时俱进。在组成广义学校课程愿景的四个要素中,课程使命、课程未来图景、毕业生形象相对稳定,课程价值观是最具演绎性和开放性的组成部分,伴随课程发展不断积累、调整和提升,为课程决策提供依据和指引。

第二节
学校课程愿景的形成与建构

课程愿景的形成和建构过程,是学校课程团队对"学校课程为何而存在"进行价值追问与意义探寻的过程,是对"学校课程未来将发展成什么样子"进行集体畅想和图景共建的过程,也是对"学校课程怎么建"群策群力和头脑风暴的过程。大多数学校的课程愿景的形成需要经历一段较长时间,是一个从模糊到明确再到成熟的过程,最终通过生动而深刻的语言进行表达和阐述。

纳努斯认为一个愿景需要具备三个特征:现实性、可信性和吸引力。[1] 现实性,是指课程愿景的建构必须和学校课程的现实结合起来,从学校内部产生,而非外界强加;可信性,是指课程愿景应该让学校中的师生相信它是可以实现的,而非遥不可及;吸引力,是指课程愿景应该能激励师生投入其中,为之努力,

---

[1] 周海银. 学校课程管理运作过程研究[D].济南:山东师范大学,2008:108.

这样的愿景才能发挥凝聚力和激发潜力。

学校课程愿景的形成和建构需要学校课程团队集体心智的高度投入。需要前瞻力,能够预见未来发展,把握课程发展方向和规律;需要洞察力,能够把握课程本质,寻找发展关键;需要想象力,能基于信息创造出新形象或新主意;有时还需要一些灵感,突然闪现有益的想法。通过实践研究,探索形成学校课程愿景建构的一些策略与原则。

一、国家要求与学校追求相结合

学校在课程愿景建构的过程中必然会作出一系列决策,因此必须努力保证决策的合法性、合规性和科学性。一般而言,需要考虑三大向度。

首先,学校课程愿景的建构必须全面贯彻党的教育方针,坚持科学的教育质量观,严格执行国家课程方案和相关课程政策,落实立德树人根本任务,聚焦学生发展核心素养,培养学生适应未来发展的正确价值观、必备品格和关键能力,培养德智体美劳全面发展的社会主义建设者和接班人。

其次,学校课程愿景的建构要遵循教育规律,包括学生身心发展规律、教育教学规律及课程相关理论等。例如,静教院附校"按学生最佳发展期设课,创学生最近发展区施教"等课程价值观念,都彰显了学校对教育规律的理解和尊重,在综合考虑学科、学生、社会等课程因素及其相互关系的前提下,尤其尊重学生的认知规律,关注学生的成长需求。

最后,学校课程愿景的建构要基于学校课程实际,体现学校育人追求,综合考虑学校课程传统积淀、课程发展现状、学生发展需求、师资条件基础和社区环境特点等,体现因校制宜和学校特色追求。

二、表达简洁与内涵清晰相结合

课程愿景应该表达简洁。一般而言,课程愿景的表述应该力求简洁生动,体现寓意深刻、有理有据、对仗工整、朗朗上口、深入人心、独具个性等特征。或是基于对先进教育思想的理解和把握,具有深刻的教育内涵,如"按学生最佳发展期设课,创学生最近发展区施教";或是用朴素的语言进行朗朗上口的表达,如"轻负担,高质量";或是有自己独到的思考,运用比喻、类比等,呈现与众不同的个性化表述,如"后'茶馆式'教学"。课程愿景的表达如同美国作家海明威所言,要"寻找属于自己的句子"。

课程愿景应该内涵清晰。模糊的、模棱两可的价值认识不利于传播,也不利于指导实践。虽然课程愿景通常采用简练的、形象的语言进行表述,但其内涵和外延必须清晰明了。课程愿景不是一句口号,更不是天马行空的遐想,只有当它能够清晰而准确地指明课程改革的前进方向时,才能塑造出每个人都乐意去追求的目标样态,从而产生强大的感召力。

例如,静教院附校对于"成为一所面向未来、依靠自我能够可持续发展的现代学校"的发展愿景,具体诠释为四层意思:① "面向未来"是指为学生建构一个全人教育的体系,培养学生面向未来的能力,能自主应对未来的各种挑战,让学生得到全方位的发展;② "依靠自我"体现学校的自主发展,包括自我诊断、自我改进和自我发展;③ "可持续发展"是指建立有效的体制机制,保障学校在高位运作的前提下还能不断发展;④ "现代学校"是指具有全新的办学理念,具有健全灵活的管理机制,具有可持续发展的"明师",具有校本特色的课程体系和体现人文关怀的学校建筑。

三、自上而下与自下而上相结合

愿景可分为个人愿景和共同愿景。个人愿景是共同愿景的基础,共同愿景是个人愿景的结晶和升华。共同愿景在推进过程中需要内化为个人愿景才能得以实现。

实践中,大多数学校的课程愿景来自对办学传统、办学积淀的梳理,或者最初产生于校长、专家等"行政权力"或"专业威信"较高的课程领导者的个人愿景,一般需要经历"自上而下"的建构过程,具体步骤大致包括:① 领导者首先提出自己的个人课程愿景,但不能把自己的愿景强加于他人,因为那是无效的;② 领导者利用自己的个人愿景引导大家开展集体讨论,进行充分论证,补充完善;③ 提炼愿景,诉诸文字,或进行形象化呈现;④ 展开广泛的讨论,让所有人能理解课程愿景,并与自己所承担的工作结合起来,明晰自己的工作对于学校愿景实现的贡献所在;⑤ 运用愿景引领实践。[1]

"自下而上"的课程愿景建构,是指学校的课程愿景源自教师,甚至是学生。建构过程一般为:① 鼓励师生建立、表达个人愿景,并收集起来;② 提炼师生个人愿景中的共同渴望,拼图形成初步的共同愿景;③ 将初步的共同愿景反馈给师生,让大家发现共同愿景中的"自己部分",建立心理关联,同时进行补充修正;④ 确定共同愿景,进行合理表达;⑤ 运用愿景引领实践。

综上,课程愿景的建构没有绝对的"自上而下"或"自下而上",实践中都需要来来回回、长时间的"自上而下"与"自下而上"相结合,才能逐渐清晰、精准并为大家所慢慢接受,建构的过程在一定程度上也是传播的过程。课程愿景的建构还需要征求家长、社区代表等课程利益相关者的意见,将合理意见纳入课程愿景之中。

四、稳定一致与动态生成相结合

愿景是长期的价值引领,应该相对稳定,一以贯之。对于课程愿景的稳定性,大家都普遍认同。但我们常常忽略愿景也具有动态生成性,这里的"动态生成"不是指将课程使命、课程未来图景不断"改来改去",而是主要指向以下两个方面。

1. 课程愿景的建构不是一蹴而就的,而是一个渐进的发展过程

课程愿景的四个组成要素中,"课程使命""课程未来图景""毕业生形象"相对比较稳定,"课程核心价值观"应根据课程发展不断积累、调整和提升,以支持其他三个要素更好地达成。事实上,一个好的愿景的力量,往往产生于四个要素的关联、互动和内在一致。

例如,静教院附校"轻负担,高质量""按学生最佳发展期设课,创学生最近发展区施教"等课程理念,都是在追逐实现"遵循学生的认知规律,让学生成为健康的自然人;遵循学生的发展规律,让学生成为适应未来的社会人"课程使命的过程中陆续提出的,逐渐逼近"成为一所面向未来、依靠自我能够可持续发展

---

[1] 靳玉乐. 课程论[M]. 北京:人民教育出版社,2015:396-397.

的现代学校"未来图景的实现。

2. 课程愿景的动态提升还体现在其对实践的引领过程中

课程愿景只是提出方向和准则,不提供具体行动方案。伴随时代发展和教育改革,根据课程发展的实际需要,学校应该不断探寻价值观引领下的具体目标、方法和举措,这也是价值观生命力的体现。

因此,课程愿景在实践中需要不断完善,在价值观引领下不断实践创新,这样的学校课程愿景才是具有生命力的,才是可以逐渐实现的,才是真正发挥引领作用的,否则难免会陷入教条主义和形式主义的困境。

第三节
学校课程愿景的传播与践行

在人类组织中,愿景是最具感召力、最具激励性的因素,它可以把不同的人联结在一起,激发组织成员为实现共同目标而全力奋斗。但是,愿景的力量不会凭空产生,需要在实践中不断传播,促进从观念到行动的迁移,才能实现《孙子兵法》中所说的"上下同欲者胜"。

塑造共同的课程愿景,是为了形成学校共享的课程价值观念系统。前文论及,依据凯尔曼的观点,人们态度观念的改变和形成需要经历"服从—认同—内化"三个阶段。圣吉在《第五项修炼——学习型组织的艺术与实践》中,将个人对组织愿景的认同过程分为七个阶段,具体包括"冷漠""不顺从""勉强顺从""形式顺从""真心顺从""报名加入""承诺投入"。[1] 由此可见,价值观念的转变和认同是一个缓慢、艰难和需要持续努力的过程。

有学者基于过程的视角,把愿景型领导视为由"建构愿景—沟通愿景—实践愿景"构成的连续过程。[2] 实践中,我们发现愿景的建构、沟通和实践阶段无法完全分割,更多的是相互伴随、逐渐深化。

---

[1] 圣吉.第五项修炼:学习型组织的艺术与实践[M].张成林,译.北京:中信出版集团,2018:222-223.

[2] 崔勇,张文龙.基于课程愿景的课程领导[J].教育科学论坛,2018(10):5-10.

一、让课程愿景成为"可喻之义"

从知识属性来说,愿景更多的是一种隐性知识,难以显性化共享或转移。[1]愿景并非一成不变,需要经历一个由模糊到日渐清晰的过程,而且会随着组织的成长、发展而不断扩展和充实新的内容。[2]因此,愿景是一种高度默会性的认知。塑造价值认同的课程愿景,意味着要使愿景这种高度默会性的知识实现社会化,那么持续的传播、共同实践与沟通是必不可少的。

认知是认同的逻辑起点,"知之"才有可能"信之"。学校课程领导者和领导集体需要对学校课程愿景的内涵进行清晰界定和多维诠释,努力使之成为"可喻之义",准确地传达给每一位教师,通过培训、交流、合作等共同性专业活动,让学校教师间的课程核心价值观念趋向一致。

下文以静教院附校推进"后'茶馆式'教学"改革的历程为例,列举一些可资借鉴的策略和方法,让课程愿景成为"可喻之义"。

1. 诠释,诠释,再诠释

自 2008 年起,静教院附校聚焦课堂教学改革,推进后"茶馆式"教学。后"茶馆式"教学,从研究学生认知规律出发,试图重构教与学的方式,在著名教育家段力佩先生于 20 世纪提出的"读读、议议、练练、讲讲"茶馆式教学的基础上引入了"做中学"。后"茶馆式"教学瞄准课堂教学两个关键性干预因素,提出两条课堂教学行动准则:一是学生自己能学会的,教师不讲;二是尽可能暴露学生的潜意识,尤其要关注学生"相异构想"的发现与解决。

每次谈到后"茶馆式"教学的推进历程,张人利校长总会说:"不容易啊,不容易! 大大小小的报告,我不知道讲了多少次……"张校长部分报告的标题如表 4-2 所示,相关论文发表在《人民教育》《上海教育》《上海教育科研》《现代教学》等学术期刊上。

---

[1] 聂子龙. 愿景驱动的学习型企业研究[M]. 上海:上海交通大学出版社,2014:59-61.
[2] Hodgkinson M A. Shared Strategic Vision: Dream or Reality? [J]. The Learning Organization,2002(2):89-95.

表4-2 静教院附校后"茶馆式"教学校长宣讲报告列举

序号	报告/文章标题
1	后"茶馆式"教学:"轻负担、高质量"的教学研究与实践
2	后"茶馆式"教学:课堂教学的两个关键干预因素
3	后"茶馆式"教学:"循环实证"教育科研方法
4	后"茶馆式"教学:在传承中发展的后"茶馆式"教学
5	后"茶馆式"教学:提高课堂教学质量的实证研究
6	后"茶馆式"教学:另一种课堂教学的备课
7	后"茶馆式"教学:颠覆课堂教学设计的逻辑结构
8	后"茶馆式"教学:学理分析
9	后"茶馆式"教学:"最近发展区"阐释
10	后"茶馆式"教学:激活学科教学的德育内涵
11	后"茶馆式"教学:"最近发展区"就是跳一跳能摘到的果子吗
12	后"茶馆式"教学:若干理性思考
13	后"茶馆式"教学:"茶馆式"校本研修
14	后"茶馆式"教学:提高学生完成学业的效能
15	后"茶馆式"教学:基于文化认同的学校教学管理
16	后"茶馆式"教学:自我剖析
17	后"茶馆式"教学:以证据支持教育研究
18	后"茶馆式"教学:背后的教育科研思辨
19	后"茶馆式"教学:研究外溢的三个问题
20	后"茶馆式"教学:为何有影响力

愿景的建构与传播是校长开展课程领导的重要任务。张人利校长关于后"茶馆式"教学一次又一次的剖析和解读,就是让学校课程愿景成为"可喻之义"

的过程。让教师了解学校课堂教学要作怎样的改革,为什么要作这样的改革,这样改革的理论依据是什么……通过这样反复诠释与沟通,让后"茶馆式"教学成为一种内涵丰富、理论明晰的教学改革愿景,促进教师理解,形成共同的观念和志向。

实践表明,形成"可喻之义"需要课程领导者具备很高的理论素养、思辨能力和研究功底,不是一件容易的事。从现状来看,有些学校的课程愿景最终仅仅成为"宣传口号",很大程度上是因为无法在持续思考中不断逼近核心观念的本质,没能成为"可喻之义",那么也就无法和学校教师实现深度分享与沟通,无法真正引领实践。

2. 从单向传播到双向交流,再到"多极"分享

传播强调双向性、共同性。以往,我们更习惯于通过"传授"让教师获得相应的信息,这是一种单向的传播方式。随着校本研修等的广泛开展,教师之间对话、交流、合作的意识日益增强,不仅双向交流成了平时常用的研讨方式,也有了"多极"分享。例如,围绕同一主题,反复多次研讨;围绕同一主题,采用交流、讲座、课例研究等多种形式研讨;围绕同一主题,进行"一问多答""多问多答"辩论式研讨等。

静教院附校在学校课程愿景、课程理念分享过程中,不仅校长向教师进行单向传播,而且学校教师的案例研究、经验分享、成果展示、主题论坛等伴随其间。可以说,正是教师的研讨和追问进一步推动学校对后"茶馆式"教学的持续深化认识,两者是相辅相成的。

和课堂上学生的学习类似,充分的沟通和对话有利于暴露教师的"相异构想"。例如,在关于后"茶馆式"教学研讨中,学校发现不少教师把"学生自己能学会的,教师不讲"这一观点等同于"学生已经学会的,教师不讲",这和后"茶馆式"教学倡导的理念存在落差,学校立马进一步明确解释:学生自己能学会的,不仅包括学生已经会的,还包括学生原先不会但通过自身努力能够学会的,或者得到别的学生帮助后可以学会的。及时澄清价值和观点,消除模糊和误解,才能清晰、坚定而有力地引领课程实践。

3. 采用多种传播媒介

随着信息技术的发展，传播方式越来越快捷、多样和高效。会议、微信公众号、正式和非正式交流等都能有效传播学校课程愿景。

近几年，学校不断有新教师入职，为了让新进教师尽快理解学校课程改革传统，感悟学校课程价值追求，张人利校长将自己关于后"茶馆式"教学的报告内容、教师后"茶馆式"教学案例、论文等相关资源汇集于学校信息平台（图4-1），供教师随时、随地、随需开展学习。在项目研究成果"后'茶馆式'教学——走向'轻负担、高质量'的实践研究"获得2014年基础教育国家级教学成果奖一等奖之后，这个平台也成为教学成果奖向全国各省市推广交流的平台。现在，这个信息平台不仅积淀了静教院附校的教学成果和资源，也汇集了其他省市

图4-1　静教院附校后"茶馆式"教学信息平台页面截图

在迁移运用"后'茶馆式'教学"实践中产生的新成果和新资源,平台成为众筹力量、集体浇灌、共同分享的智慧之树,教师从知识的消费者、知识的传播者转向成为知识的创生者。

事实上,当后"茶馆式"教学理念和模式逐渐成为学校课程文化的重要组成之后,相关的既往经验便以感知、思维和行为图式的形式储存在校园中的每个人身上。当新教师进入学校这个课程文化"场",便会被潜移默化地影响,形成相接近的课程价值观和行为方式,这也是提升学校课程领导力"同心圆"模型在实践中的印证和呈现。

无论是校长在学校中推进一项教育改革,还是教研组长在学科教师团队内推行一种教学改革,作为课程领导者的校长、教研组长都需要努力探寻改革的"可喻之义"。一个愿景、一种理念的提出,在初期阶段存在形式大于内容等问题是正常的,在后续行动中通过思辨加工可以明确其实质精神,借助教育实践可以丰富其内涵要义,经过"理性—感性—理性"的反复历练,就能够不断提升观点的解释性,使之成为相对带有普适性的、大家能够理解和接受的概念与共识,从而能够被比较全面准确地了解和运用,真正起到引领实践的作用。

二、将课程愿景体现于课程制度之中

学校课程愿景的实现离不开课程制度的支持。学校课程制度是学校课程愿景的具体呈现,也是将课程价值追求和目标转化为现实的重要载体。在学校课程愿景引领下,以一轮接一轮的学校课程实施规划、课程实施纲要等专业性课程制度文本的编制与实施为抓手,"小步走,不停步",一茬接着一茬干,逐步接近学校课程愿景的实现。

愿景不告诉我们具体"做什么",而是提供一种方向,帮助我们作出决策。建立愿景并不意味着能快速实现转型变革,变革的实现需要将课程愿景具体化,将价值观体现于课程发展目标之中,通过具体规划和计划将课程愿景落小、落细和落实,让学校课程朝着希望的方向发展。目标设置理论认为,具体且中等挑战程度的目标更有效。因此,实践中除了需要坚持"长期愿景"的灯塔式引领外,还需要"短期目标"的敏捷设计和达成,两者结合能更好地引领学校课程持续改进。正如柯林斯所说,"长期愿景"是一个10—30年的宏伟、艰难、大胆的目标。那么,3—5年的"短期目标"应当遵循"SMART"原则,即具体的(specific)、可以衡量的(measurable)、可以达到的(attainable)、同其他目标具有相关性的(relevant)、具有明确截止日期的(time-bound)。所以,规划和计划等制度性、工作性文本都是将"长期愿景"分解为"短期目标",促进愿景转化为现实的合理化途径。长期愿景的实现需要将"成功设计在成功之上",一个个短期目标的实现能够鼓舞人心,让人看到愿景实现的可能。

在上海市提升中小学课程领导力行动研究中,着力开展了学校课程实施规划、课程实施纲要、单元教学设计等系列化课程制度的编制与完善研究,以凸显专业性的课程制度为载体,推进学校课程愿景的转化与落实。从学校层面而言,学校课程实施规划是其中最核心的载体,编制与实施课程规划有利于学校成员对课程发展目标产生更深刻的认识,有利于促进课程共同体间的合作,而课程规划编制与完善的过程也正是学校课程愿景逐步实现的过程。例如,上海市风华初级中学在课程规划编制和实施过程中,持续推进落实"做最好的自己"的学校课程愿景追求,以建设满足学生个体差异性发展需求的课程资源作为重要举措,将"做最好的自己"具体化为"以最好为要求""以自己为标准""以发展为前提"三个维度,以此引领学校课程的持续完善。

三、促进课程愿景融入学校课程行动

课程改革不是一项短期的、局部的、可轻而易举完成的任务,而是一个长期性、全局性、全员性的探索过程。课程领导不能仅仅着眼于学校课程的现状,而要在课程现状与课程愿景之间建立联系和互动。以愿景作为参照物,对课程现状作观察分析和深度检视,发挥课程愿景的创造性张力,寻找学校课程最近发展区,明确指向学校课程愿景实现的当下最佳课程发展目标和行动。

在学校课程愿景的传播和践行过程中,需要像将盐化入水中那样,促进课程愿景融入学校课程建设。让课程愿景及其所代表的学校课程价值观像空气一样弥漫在校园之中,播撒在团队之间,渗透到学校每一项工作之中,成为学校课程发展的主旋律,激发每一位课程主体为之付出专注和努力。

例如，上海市杨浦区平凉路第三小学将"让每一位师生都能实现'生动'地成长"作为学校课程的核心价值追求,努力打造"生动"的学校教育样态。平凉路第三小学认为"生动"是蓬勃生长、灿烂绽放的校园生态,是自信乐观、潜力无限的学子模样,是乐学善教、温暖可亲的教师风采。平凉路第三小学将课程愿景融入学校课程发展的各个维度(表4-3)。

表4-3 平凉路第三小学将课程愿景融入学校课程行动

维度	诠释	行动列举
促进生动的学生成长	不仅获得高质量的学业成果,还应拥有积极健康的人格和良好的心理品质	● 一点小小的关注,让学生拥有"自推"的动能 ● 一方小小的天地,让学生拥有"探索"的力量 ● 一项小小的打卡,让学生拥有"自律"的习惯
打造生动的课程体系	生动的课程既是面向全体学生的课程,也是有特色的课程	● 整体推进学校课程体系建构 ● 打造"生生能动　生生乐动"的体育特色课程 ● 建设"素养导向　学科融合"的滨江梦想课程
创设生动的课堂教学	生动的教学强调认知过程的引导性、交往性和教育性,注重激发学生的内在学习动机	● 重构课堂理念,注重学生思维发展与情感生成 ● 坚持标准导向,注重提升课堂教学的育人效能 ● 强化过程管理,注重课堂教学的整体有序规范
实现生动的教师发展	不仅能够站稳讲台,还要争做课改实验的"领头雁""破冰者"	● 建章立制,驱动成长 ● 纵横结合,分层培育 ● 发挥优势,助力青年教师
追求生动的校园文化	教师愉快地教学,学生愉快地学习,在充满朝气和轻松氛围的校园里实现师生共同成长	● 持续优化学校物质环境 ● 不断改善学校人文环境 ● 着力打造多元参与的教育共同体

四、引导教师在实践中体悟课程愿景

愿景在定义上是变革导向的,基于现实与理想的差距,以洞见未来发展的机会。[1]课程改革总是逼着人们走出舒适区,改变习以为常的行为会给人带来"不舒服"的体验。如果把课程改革比作一列向前行驶的火车,不是学校内所有教师都愿意登上这列火车的,在课程愿景传播过程中遇到教师"抗拒"是常有的事,需要引导教师在实践中体悟学校课程愿景。

1. 不把重点放在"强求对方接受观点"上

课程实践中,促进教师"转变观念,开展工作"的方式有两种:一种是以工作为中心,直接命令教师开展行动,不管教师的志趣如何;另一种是以人为中心,通过说服、激励等方式来引导教师,顾及教师的心理感受,让教师能以欢愉的心情接受并采取行动。提升学校课程领导力,追求价值认同下的行为自觉,更倾向于倡导第二种方式,让教师在课程改革中从"服从"走向"认同",实现观念内化。

【案例】

听张人利校长说后"茶馆式"教学推进的故事(一)[2]

后"茶馆式"教学的具体实践是从我们学校的副校长周骏身上开始的。几乎每次介绍后"茶馆式"教学,我都要提及这个"故事"。似乎对周校长真有点不够尊重,但是实在无奈。因为后"茶馆式"教学的确是从他开始的,也是在他的教学中获得了后"茶馆式"教学具有优势的第一个证据,并且产生了"循环实证"的教育科研方法,实质性推动了后"茶馆式"教学在学校的全面实施。

我对周校长说:"你上课时讲解还是太多。"

周校长回答:"我的话真的太多了吗?"不多呀,学校的物理成绩已经领先,难道还不够吗?周校长可能是这么想的。

我说:"按后'茶馆式'教学试试看,行吗?"

周校长回答:"不试。"很干脆。

我说:"就试一堂课,行吗?一堂课就是出了问题,影响也不大。"

周校长勉强同意。

---

[1] 范雪灵,王小华.愿景型领导研究述评与展望[J].经济管理.2017(12):174-189.
[2] 张人利.后"茶馆式"教学[M].上海:上海教育出版社,2014:66-67.

虽然课程愿景传播的目标是让教师接受并认同学校提出的价值观念,但是整个传播分享的过程所采取的策略应当是开放的,而不是把注意力集中在让教师必须接受观点之上。当学校采用强求的方式让教师接受新理念、新观点时,迫于某种压力,教师或许在表面上会表现出接受观点,但内心并不真正认同,这样做的价值和意义非常有限,因为无法实现行动的真正改变。事实上,让教师充分发表自己的观点和想法,更有利于达成观念共享。案例中,张校长就是这么做的。

2. 通过实践体悟促进教师对课程愿景的内化和认同

塑造价值认同的课程愿景,除了需要让教师理解改革的倡议和观点外,还应该支持教师开展实践,在实践中内化观点并体悟价值,实现更深层次的与自我的联结。如果不学习新的方式方法,不积极改变态度、价值观念和行为,人们就无法在新环境中获得适应性飞跃,无法获得实质性发展。变革的可持续性取决于让那些遇到问题的人把变革变成自己内在激励的一部分。[1]

【案例】

听张人利校长说后"茶馆式"教学推进的故事(二)[2]

周校长勉强同意后,开始了实践尝试。

为了控制变量,周校长在原来不是他任教的初二年级进行尝试。第一个班,完全按照他原来的教学设计来实施教学,他认为该讲的,尽管讲。第二个班按后"茶馆式"教学模式施教。随后,由其他物理教师命题,检测这两个班级学生的掌握情况,周校长自己阅卷。阅后,周校长对我说:"难道我十几年在教室讲了许多不应该讲的话?"因为两个教学班的检测结果出乎所有物理教师的意料。原来这两个班的学生学业基础几乎没有明显差异,但这次,第二个教学班成绩高于第一个教学班。

---

[1] 康利.谁在管理我们的学校:变化中的角色和责任[M].上海:华东师范大学出版社,2005:99.

[2] 张人利.后"茶馆式"教学[M].上海:上海教育出版社,2014:66-67.

我想,这个结果已经可以说明问题了。成绩相仿的两个班,因为学生所经历的学习过程与方法不一样,第二个教学班的学生学习结果优于第一个教学班。原因是第二个教学班学生经历了独立学习与合作学习,学生自己学习的能力得到提升。

然而,周校长并没有"服气",他认为这是偶然现象。他希望再尝试一个班级的教学。我想,这是好事。当周校长施教第三个班时,因为已经知道检测的题目,教学时有意无意地对要检测的内容加强了语气,似乎在提醒学生。他太想证明自己讲的是有效的。我本来想改变检测题,但是,即使检测题相仿,周校长和物理组的教师也不一定"服气",试试看吧!结果更是出乎大家包括我在内的意料,第三个班的成绩不如第二个班级。

这时,周校长有所触动,他同意试。我说:"'稳定是压倒一切的',初三就慢慢试吧,先从初二开始。"周校长带领物理教研组的教师在初二的物理课上开始了后"茶馆式"教学的尝试。半年之后,适逢全区初二年级学生学业质量抽样监测。课堂上教师少讲了这么多话,这次学生的物理成绩会怎样?周校长心里没底。

那天晚上,已经8点多了,周校长给我发了条信息:"张校长:今后坚定不移按后'茶馆式'教学!我校物理成绩不但第一,还遥遥领先……"

教师是有思想的实践者,也是有创生能力的变革者。以上两个案例较为完整地呈现了静教院附校周副校长对于后"茶馆式"教学理念从"冷漠抗拒"到"勉强尝试"再到"真心悦纳"的转变过程,他也由此成为全校教师的榜样和示范,实质性带动后"茶馆式"教学在静教院附校全面推广。

一般情况下,像周副校长这样的优秀教师,往往是学校中对新教学理念"最抗拒一族"。因为他们有一套自己信奉、行之有效、屡试不爽的个人教学信条,而且不错的教学成效让他们非常有拒绝的理由和底气。分析周副校长逐渐认同学校课程改革理念的原因:一是亲历实践,在实践中促进对新理念、新愿景的深度理解;二是基于证据,确凿的证据让人无法否认、拒绝;三是作为领导者的张校长循循善诱,努力"站在对方的立场"去"达成理解",不是靠行政命令来强制执行,而是靠不断对话、相互引领,从而赢得更多实践者的参与和共识。

塑造价值认同的课程愿景,其根本目的是促进价值认同下的广泛合作,让每一个课程主体主动投入实现学校课程目标的行动之中。课程改革的参与者只有在革新理解上达成共识[1],形成共同而深刻的认识[2],才能上下互动、减少阻力,有效排除改革中的各种干扰和障碍。[3] 当然,学校课程共识并非追求简单的一致认识。共识本身具有理性意蕴,主体间基于理性达成的一致认识才能称之为共识。

---

[1] 霍尔,霍德.实施变革:模式、原则与困境[M].吴晓玲,译.杭州:浙江教育出版社,2004:64.
[2] 富兰.变革的力量:透视教育改革[M].北京:教育科学出版社,2004:95.
[3] 李建平.中国教育寻变:北京十一学校的1500天[M].北京:教育科学出版社,2015:349.

第五章
"导"过程：促进政策落实的课程制度

学校肩负着"为党育人、为国育才"的神圣使命，高质量落实国家课程政策是学校开展课程规划和实施的首要责任。课程政策是国家为调控课程运行目标和方式而制定的行动纲领和准则[1]，具有充分的法律意义，学校必须予以准确理解、规范执行，在课程实施的过程中坚持忠实取向[2]。然而，任何一个国家、任何一个时期都会不同程度地发生政策不配套、执行乏力的问题[3]，从课程理想到课程现实之间的"课程落差"是任何课程方案付诸实践时无法回避的问题[4]。中国基础教育课程改革如何攻克校本实施的难关，建构具有中国特色的学校课程发展模式，这是一个重大课题。[5]

自21世纪初我国实行国家、地方、学校三级课程管理制度以来，学校成为课程在事实层面上最重要、最关键的管理者。[6]国家课程政策能否有效落实到课堂教学中特定的师生身上，关键取决于学校在课程规划中的组织和

---

[1] 胡东芳.课程政策研究：对"课程共有"的理论探索[D].上海：华东师范大学,2001：13.
[2] 郭洪瑞,雷浩,崔允漷.忠实取向下综合实践类课程实施问题与对策研究[J].课程·教材·教法,2020(4)：23-30.
[3] 袁振国.全面建设小康社会时期的中国教育政策(论纲)[G]//袁振国.中国教育政策评论 2004.北京：教育科学出版社,2004：18.
[4] 陈庆新,吉标.课程落差及其应对[J].课程·教材·教法,2021(8)：38-44.
[5] 崔允漷.学校课程发展"中国模式"的建构与实践[J].全球教育展望,2019(10)：73-84.
[6] 崔允漷.学校课程规划的内涵与实践[J].上海教育科研,2005(8)：4-6.

管理。[1] 在不同的专业实践领域中,制度具有导引特定领域的实践价值、规范人们的专业行为、协调实践领域中各种内在关系的作用。[2] 学校课程制度是国家课程政策在校落地的重要保障,课程制度建设也是学校课程实践与课程改革的基本任务。

在学校课程领导力提升"同心圆"实践模型中,处于中间层的"课程制度"也是最具象、最便于把握的关键要素。它体现学校在国家课程政策引领下的课程价值追求和发展目标,并对学校教师课程行为具有约束、导引和规范作用。系列化的课程制度设计可以促进国家课程政策的层层落实,课程制度的迭代和创新可以引导、支持并推动学校课程改革的发展。

第一节
学校课程制度对于国家政策落实的价值意蕴

课程制度有国家课程制度、地方课程制度和学校课程制度之分。国家课程政策是国家层面的课程制度,是指以政党和政府为代表的公共权力机构为了解决课程问题,实现一定的课程目标,通过一定程序制定的有关课程方面的行动方针、准则及相应的行动过程,其表现形式包括课程纲要、课程方案、课程标准、教科书等文本形式及相应的课程行动策略。[3] 国家课程政策具有鲜明的规范性、规定性和强制性,强调地方和学校层面课程建设的共同价值与共同目标,是国家教育意志的集中体现。国家课程政策对学校课程具有导向、规范、指导和调控功能,是学校课程"想问题、作决策、做事情"的根本依据。

但是,学校不可能把国家课程制度直接作为学校课程制度来执行,原因有以下几点:(1)国家课程政策毕竟是宏观的,无法细化、具体到指导每一所学校、每一门学科的课程实践;(2)国家课程政策代表国家教育的共同价值和共同目标,无法兼顾每所学校的个性和特征;(3)国家课程政策为了激活地方和学校

---

[1] 和学新,乌焕焕.学校课程规划:动力、向度与路径[J].中国教育学刊,2011(2):36-40.
[2] 郭元祥.学校课程制度及其生成[J].教育研究,2007(2):77-82.
[3] 黄忠敬.课程政策[M].上海:上海教育出版社,2010:7.

创新活力,在校本课程开发、课程实施等方面留给学校一定的自主空间;(4)最重要的是国家在课程政策中提出的很多理念、目标和要求,需要学校通过实践来具体演绎和切实实现。所以,国家课程政策在落实过程中需要经历层层转化和细化,在具体情境和过程之中难免存在理解上的偏差和实践上的落差,这也是政策执行具有高度复杂性的原因之一。

一、学校课程制度是国家课程政策在校落地的重要保障

对于学校而言,落实国家课程政策不是一个机械式照搬的过程,而是需要"忠实取向"与"创生取向"兼顾。一方面,学校需要"顶天",深入领会课程政策精神,忠实执行党和国家的教育意志和要求;另一方面,学校需要"立地",扎根学校实际,结合校情创造性贯彻落实,作出最优化的课程决策。因为课程政策不是静止的,政策的文本形态仅仅呈现了政策的初始意图,实际的课程政策在实施中伴随着政策实施主体的认知变迁与政策实施情境的空间变迁,会被不断重新建构。[1]

学校课程制度是对国家课程制度的具体化、操作化和校本化,是依据国家课程政策确立起来的、符合学校特有的课程价值追求和发展目标的、关于学校课程系统运行的一系列规程、准则和实施机制。就政策实施主体而言,它呈现的是学校作为课程实施主体对国家课程政策的整体认知,体现学校所"领悟的课程";就政策实施情境而言,它呈现的是国家课程政策在学校实践情境中的重新建构,是政策被付诸实践的具体样态。只有将政策的目标、原则、任务和要求全面体现并落实于学校课程制度之中,才能保障国家课程政策真正落实到教师、课堂和学生。

二、学校课程制度是国家课程政策有效执行的实践载体

国家课程政策的实施是一个系统工程。从实施主体来看,需要每一个课程

---

[1] 屠莉娅.从"文本的政策"到"行动的政策":课程政策在实践中的生成与演进[J].教育发展研究,2012(18):53-58.

主体的协同投入;从内容来看,涉及课程目标、课程结构、课程实施、课程评价、课程资源等各个方面;从过程来看,不可能一蹴而就,而是一个持续改进、不断实现的过程。正如建筑工程需要一份专业的设计图纸一样,国家课程政策的实施也需要有具体的载体和抓手。课程改革需要建立健全、合理的"制度丛"来规约其朝着合理的方向发展,并保障课程改革的顺利进行。[1]

制度具有价值性与工具性双重特质,每一项学校课程制度都是学校课程改革理念的具体体现,服务学校课程目标的实现,以一定的文本作为载体呈现,辅以稳定的实施规则系统,在"编制—实施—评估—完善"的循环迭代中推动学校课程改革,同时实现课程改革的制度化。学校课程制度,上接国家课程方案和课程标准,下连学校、学科和教师课程实践,可以成为国家课程政策有效执行的实践载体。

1. 发挥导向性

通过课程制度确立符合国家政策导向的学校课程价值追求,谨防教育目的的偏离,保障国家育人目标的实现,这在当今价值多元的背景下显得尤为重要。

2. 体现承载性

通过专业化、系统化、制度化的文本,集中呈现学校对于国家和地方课程政策的具体诠释,为不同阶段、各级各类课程政策在学校落地提供"一揽子"承载性解决方案,促进课程政策有机整合、前后连贯地推进实施。

3. 发挥中介性

采用"以制度带动实践,以实践迭代制度"的显性化策略,提供一个可操作的实体,在政策和实践之间"来回穿梭",持续改进像"拧螺丝"一样反复调校,使国家理想课程和学生经验课程愈加贴合一致,在落实国家课程政策过程中促进学校课程高质量发展。

三、学校课程制度促进国家课程政策愿景实现的能力建构

任何一项国家课程政策的出台总是蕴含着一定的改革愿景,如果仅仅让新

---

[1] 肖磊. 课程改革的制度化研究[D]. 重庆:西南大学,2014:3.

的课程政策去适应原有的习惯和能力,而不去发展新的课程能力,那么就很可能在课程政策实际运作中出现"新瓶装旧酒"的现象,导致政策运作中的形式主义。

以学校课程制度中的核心制度"学校课程实施规划"为例,随着国家三级课程管理制度的正式实施,新课改理念逐渐深入人心,校长和教师都认为课程是学校育人的核心,学校应该具备一份集中体现学校课程专业性的课程规划。然而,2007年上海市教育委员会教学研究室(以下简称"上海市教委教研室")对中小学开展调研时发现学校课程规划存在问题和不足:(1)课程规划"一无所有",本应在学校被丰富演绎的国家课程方案反而被高度浓缩成"一张课表";(2)课程规划"自行其是",学校缺乏忠实执行国家课程政策的意识和行动,课程实施存在逾规、失范现象[1];(3)课程规划"表里不一",少数学校编制了与国家课程方案高度一致的学校课程规划,但实践中并不真正执行;(4)课程规划"原地踏步",部分学校课程规划存在"依样画瓢写一个,检查时候看一看;三年五年一个样,平时懒得翻一翻"的现象,无法发挥以规划带动实践、提升学校课程质量的真正效能。种种现象表明,学校开展课程规划的意识和能力难以跟上国家课程改革的步伐,难以满足学校课程发展的需要,长此以往将造成课程政策改革愿景的落空。

因此,课程政策的实施从本质上而言是一个能力建构的问题,也就是要让不同层面的课程实施主体都具备达成政策预期所必需的理念、知识和技能。[2]学校是专门化的育人机构,学校课程教学是一种专业实践。一般来说,称得上"专业"的实践都需要有三个环节:专业方案的拟订、专业方案的实施和对专业方案实施成效的评估。区分一项实践活动专业与否的首要标志是专业方案的有无。[3]学校课程规划等侧重专业性的学校课程制度就是学校课程

---

[1] 王月芬,徐淀芳.学校课程规划与课程领导力的实现:基于上海的实践探索[J].教育发展研究,2009(2):46-51.
[2] 屠莉娅.从概念化到审议:课程政策过程研究[M].济南:山东教育出版社,2015:208-210.
[3] 崔允漷,尤小平.教学变革:从方案的专业化做起[J].当代教育科学,2017(9):3-6.

实践的专业方案,相关实践证明,立足课程规划等课程制度的行动和实践能够促进学校实现国家课程政策愿景的能力建构,其水平高低直接影响学校课程改革的发展方向和实施成效。[1]

第二节
保障国家政策落实的学校系列化课程制度

长期以来,我国学校的课程制度以教学常规或教学制度为主,是关于教师教学过程及相应行为的规则,主要集中于课程实施环节,较少覆盖学校课程规划、课程研发、课程评价、课程审议等方面。因此,新课程改革背景下,学校的课程制度本身也面临更新和重建的任务。

在国家、地方、学校三级课程管理制度之下,学校一级的课程建设主要有三个维度:① 依据课程标准、教材等,落实好国家设计的课程,属国家课程的有效实施范畴;② 依据国家培养目标和学校育人追求,开发满足本校学生多样化发展需求的课程,属校本课程的合理开发范畴;③ 依据国家课程方案和地方课程实施办法,立足本校办学理念和资源条件,整体规划实施学校课程,促进国家课程、地方课程和校本课程的有机整合,建构学校完善的课程运作机制和实施系统,促进学校课程高质量发展。从目前的中小学实际情况来看,这三个维度的课程建设要想实现高质量发展,都需要建立体现专业规范的课程制度。

每所学校的课程制度并不是整齐划一的,学校课程制度可以分层级、分类别,按照实践和发展的需要进行校本设计。在新课程改革背景下,在上海市提升学校课程领导力项目研究中,主要探索了三类课程制度的建设:① 指向学校层面课程建设的学校课程规划;② 指向学科层面课程建设的课程校本实施纲要;③ 指向课堂层面课程建设的单元教学设计。通过建立一套系列化课程专业制度,让符合国家课程政策和课改导向的各种理念、设计与安排能够得以明确

---

[1] 侯丽娜,傅维利.学校课程规划方案分析体系的建构及应用[J].教育理论与实践,2021(19):52-59.

和固定，从而有助于学校课程主体在课程实践过程中的理解和践行，从宏观、中观至微观三个层面引领学校课程发展，保障国家课程政策的高质量落实。

三类课程制度在内容上都立足于课程目标、课程内容、课程实施、课程评价这些基本要素，只是所规范的对象和涉及的层面不同，实践中都要经历课程制度文本"编制—实施—评估—完善"的迭代更新过程。下面以列举的方式，介绍学校这三类课程制度在实践探索中的一些思考和策略。

一、落实课程政策的学校课程规划[1]

从国家理想的课程到学生经验的课程，在这个过程中，国家课程方案所描绘的统一的育人"蓝图"需要"因校制宜"细化为学校的育人"施工图"。在这个转化过程中，一个重要环节就是制定学校课程规划。学校课程规划是学校依据课程理论，在对国家课程方案和地方课程实施办法及相关课程政策进行深刻领会、精准把握、忠实执行的基础上，结合学校办学追求和学生发展需求进行合理调适、校本创新，对学校课程的目标、结构与设置、实施、评价、管理等方面作出全面设计和整体安排而形成的学校课程制度性文本，其根本目的是更好地实现国家育人目标。

与"学校课程规划"相近的名称还有"学校课程实施规划""学校课程实施方案""学校课程计划"等。在上海市基础教育课程与教学改革实践中，学校通常需要研制与小学、初中、高中学段学制年级数相对应的3—5年"学校课程规划"，然后坚持"每年一小改，一轮一大改"，并把当年执行的学校课程规划称为本学年度"学校课程计划"。本书中，主要使用"学校课程规划"一词，个别地方尊重研究历程而使用"课程计划"等词，这些名词都指向同一份课程制度文本。

研究中发现，尽管学校课程规划在理论研究中并非一个全新的话题，但在实践领域仍未得到充分重视，缺乏可资借鉴的经验，需要提供可视化、可操作的实践指导和支持。为此，在上海市提升学校课程领导力项目研究中，围绕学校

---

[1] 本节内容主要引自笔者发表于《中国教育学刊》2023年第6期的《促进国家课程政策落实的学校课程规划：编制与实施》一文，有改动。

课程规划有效编制和实施开展了大规模、持续性行动研究。下文主要从课程规划编制的角度列举部分研究成果和实践策略,关于学校课程规划的实施可参见本书第七章。

课程规划首先要"成文",集中呈现学校课程整体安排,发挥价值澄清、行为导引、程序文明的课程制度功能[1],成为学校教师实施课程的认知蓝图和行动依据。针对课程规划编制"依样画瓢""只有形式,缺少实质"等现象,强化实践导向,厘定了"六大要素·双轮驱动"学校课程规划内涵模型(图5-1),通过"关键问题链"促进对国家课程政策的深度思考,通过"审议评估"从程序上保障国家课程政策的切实体现。

图5-1 学校课程规划内涵模型

1. "六大要素"的整体设计

"六大要素"要体现价值引领。学校课程规划必须全面贯彻党的教育方针,

---

[1] 郭元祥.学校课程制度及其生成[J].教育研究,2007(2):77-82.

落实立德树人根本任务,体现国家课程改革理念,在深刻理解国家课程方案、地方课程实施办法的基础上,结合自身实际,对学校课程作出全面设计与整体安排。作为学校课程的育人蓝图,学校课程规划应体现国家政策要求、学校办学追求和学生发展需求,具备方向明确、科学规范、内在一致、适宜可行等特征。

"六大要素"要体现专业规范。学校课程规划应该对规划的依据、课程门类及其结构与安排、实施和保障作出回答。[1]依据课程理论,确立课程规划"六大要素"为:课程背景分析、课程目标、课程结构、课程实施、课程评价和课程管理保障,对学校通过课程"培养什么人、怎样培养人、为谁培养人"这一根本问题进行全面回答。

(1)开展课程背景分析。在规划学校课程之前,学校要对国家和地方课程政策、学校的课程传统和课程愿景、本校学生的特征与需求、所在社区的课程期待,以及可利用的课程资源等相关课程背景作专项调研,明确学校课程规划的依据,确保课程规划的科学性、方向性与合理性。

(2)明确学校课程目标。学校课程规划必须依据新时代党和国家对基础教育的新要求,围绕国家课程方案中的培养目标,立足学校实际,制定学校课程目标,描述毕业生形象的具体表现。学校课程目标既要体现国家意志,落实国家基本要求,又要体现校本特色,兼顾个性发展。

(3)厘定学校课程结构与设置。开齐、开足、开好国家和地方规定的各类课程,结合学情校情开设校本课程,具体包括:学校课程的类型和结构;各类课程的科目设置、课时分配和开设学期的安排;劳动、综合实践活动、地方与校本课程开设的具体内容和学期安排等。

(4)提供课程实施建议。依据国家课程方案等课程政策对学校课程实施的相关要求,围绕学生核心素养培育,提出有针对性的校本化课程实施建议,包括学校层面如何保证课程有效运行,学科层面如何保证课程有效实施等。

(5)拟订课程评价办法。课程评价涉及教师教学评价、学生学习评价和课

---

[1] 周文叶,崔允漷,刘丽丽,等.学校课程规划方案质量的实证研究:基于Z市初中学校课程规划方案的文本分析[J].全球教育展望,2016(9):53-61.

程方案评价等,针对评价实施过程中谁来评、怎么评、评价结果怎么运用等问题,提出具体的要求和建议。

(6)建立课程管理保障。为了保障学校课程规划顺利实施,学校需要建立一系列保障措施,主要包括:① 组织保障,建立支持保障学校课程有效实施的部门机构,如学校课程发展委员会等;② 制度保障,建立与课程教学有关的规章制度,如课程审议制度等;③ 机制保障,明确学校课程发展的相关机制,如课程持续优化机制等;④ 资源保障,开发、整合、合理利用校内外各类课程资源,提高使用效益。

2."双轮驱动"的实践导向

学校课程是一个复杂的巨系统,课程规划编制"不怕写不长,就怕写不到点子上"。为提升课程规划的针对性和有效性,在"六大要素"的基础上进一步提出将"规范"和"创新"作为课程规划的双轮驱动,一方面是学校课程规划编制的思考着力点,另一方面也是规划要素表述的内容侧重点。

旨在落实国家课程政策的学校课程规划倡导"忠实取向下的校本创生"。学校课程规划首先是基于国家课程政策的执行性行为,然后才是基于学校的课程建设领导行为。[1]"规范"体现政策执行忠实取向,聚焦"落实国家政策、诠释学校安排、积淀课改经验"等维度;"创新"体现政策执行创生取向,聚焦"问题导向,完善学校课程薄弱环节;目标导向,明确学校课程最近发展区;结果导向,部署学校课程发展重点"等方面,通过因地制宜的调适和基于证据的持续改进,解决学校课程发展中的具体问题和个性问题。"规范"和"创新"相辅相成,前者是后者的基础和保障,后者是前者的丰富和发展。"创新"应该符合国家意志,在政策允许范围之内。"创新"的成果和经验要进一步提炼固化为"规范",持续丰富"规范"的内涵。

3."关键问题链"的思维支架

学校课程规划要"想得清"才能"写得明",最后才能"做得实"。正确理解国家

---

[1] 吴晓玲.论学校课程规划的过程性:基于江苏省义务教育学校课程规划状况的调查[J].教育科学研究,2017(7):65-70.

课程政策并能结合学校实际作深度思考,是学校课程规划有效编制的必要基础。

为保障国家课程政策在学校课程规划中得到精准而全面的体现,同时为学校提供必要的思维引导与思考支架,立足课程规划基本要素研制了系列"关键问题链"(示例见表 5-1),明确哪些原则必须坚持,哪些目标必须达到,哪些内容必须涵盖,强化"要素—结构—功能"的实践逻辑。根据课程改革进程,"关键问题链"适时迭代更新,并且提供与问题相匹配的理论指引和实践案例,供学校学习借鉴。

表 5-1 学校课程规划编制"关键问题链"示例

课程规划要素	要素指向	关键问题
课程结构	● 学校课程类型、课程结构及其说明,保证"开齐" ● 课程设置、课时分配和比例、课程在各年级的安排及其说明,保证"开足" ● 综合实践活动、劳动、地方/校本课程开设内容与说明,保证"开好" ● 校本化设计的依据和说明,保证"合规" ……	1. 如何"开齐、开足、开好"每一门课程? 2. 如何设计与课程目标相一致的课程结构? 3. 如何促进国家课程、地方课程、校本课程的整合与互补? 4. 如何促进综合实践活动、劳动、班团队活动、校本课程的系统设计和有效统整? 5. 如何设计"长短课""大小课"等更为灵活的课程安排方式,支持教与学方式的变革? 6. 如何不断提升学校课程的综合性、实践性、选择性和进阶性? 7. 进一步完善的目标、重点与策略有哪些? ……

4. "审议评估"的质量保障

评估是促进学校课程规划完善的重要手段。实践证明,学校不仅需要关注"课程规划文本的质量",也要关注"课程规划编制过程的质量"。因为深入而规范的编制过程是规划文本质量的重要保障,也是学校课程运行机制的重要组成部分,还能让编制过程成为学校成员围绕课程集思广益、促进共识的过程,为规划实施奠定基础。

基于此,兼顾"文本质量"和"编制过程",从规范性、专业性、创新性等视角确立 18 个观察点,研制了学校课程规划编制审议评估表(表 5-2)。评估结论采用定量打分和定性分析相结合的呈现方式,在给出量化评价的同时需要加以诠释和说明,以任务清单的形式提出改进完善的意见和建议。

表5-2 学校课程规划编制审议评估表

评估维度		观察点/程度 (1→5:程度由低到高)		举例/ 说明
规划文本质量	规范性	1.1 全面贯彻党的教育方针,坚持立德树人,五育并举		
		1.2 体现课改理念,符合国家对人才培育的要求		
		1.3 符合国家课程方案,开足、开齐、开好每一门课程		
		1.4 符合各级各类课程政策文件		
		1.5 体现校本设计和安排,行之有据,适切得当		
	专业性	2.1 规划结构完整,要素齐全		
		2.2 要素表述精准,翔实得当		
		2.3 要素之间内在一致,关联性强		
		2.4 课程结构、实施、评价能支持课程目标的实现		
		2.5 课程保障能支持规划得到有效实施		
	创新性	3.1 体现问题导向,完善学校课程的薄弱环节		
		3.2 体现目标导向,明确学校课程"最近发展区"		
		3.3 体现结果导向,具体部署学校课程的发展重点		
规划编制过程		4.1 关注对政策的解读和执行		
		4.2 基础分析全面充分		
		4.3 更多教师全面参与		
		4.4 编制程序清晰规范		
		4.5 经过集体审议修订		
其他		5.1(自定义)		
		5.2(自定义)		

二、坚持标准引领的课程校本实施纲要

学校中各类、各门课程的校本实施纲要,是指以教研组或备课组为主体,依据国家课程方案、课程标准、课程教材等相关课程政策性文本,结合学校课程建设传统和经验、生源特征、师资条件、资源支持等具体情况,对这门课程的目标、内容、实施与评价进行整体性再设计而形成的学校制度性课程文本。其研制的根本目的是落实课程标准,提升课程实施的有效性和可操作性。它是学校教师开设并实施这门课程的基本依据,也被称为这门课程的校本化实施方案。

参与上海市提升学校课程领导力项目研究的学校不仅系统研制了各门国家课程、地方课程的校本实施纲要,还建立健全了校本课程的实施纲要,并探索了德育、美育、劳育、跨学科主题学习等学校课程关键领域"课程群"或"主题学习群"的纲要研制。

1. 课程校本实施纲要编制的"四个要素"

编制各类、各门课程校本实施纲要的关键是处理好这门课程每个学年、每个学期教与学的目标、内容、实施和评价四个基本要素。就国家课程而言,教研组主要依据学科课程标准、课程教材与学生学情,对四个要素进行一致性设计,以规范、指导教师的教学和学生的学习。就校本课程而言,课程开发小组主要依据学校课程哲学,在评估学生课程需求与可获得的课程资源后,对四个要素进行一致性设计。对于某一关键领域课程群实施纲要的编制,需要在促进四个要素一致性的基础上,进一步考虑不同课程或科目之间"不同年级纵向"和"同一年级横向"的关系。以一门国家课程的校本实施纲要研制为例,四个要素设计主要涉及的专业规范如下。

(1) 教学目标的确定与叙写

教研组需要依据学科课程标准、课程教材、学生学情、学校已有的实施这门课程的经验和课程资源等具体条件,分解课程标准中的相关目标条目,以确定每个学年、每个学期的教学目标,并按目标叙写的规范来呈现。从课程目标到教学目标的逐级分解,是基于课程标准开展教学的关键技术和必经之路。上海市教委

教研室通过不断学习、研究和实践,逐步探索出目标分解的"拆解""分层"策略,以及学习水平和结果的"匹配""分配"策略,形成了"课程目标—单元目标"逐级分解的技术路径(图5-2)。[1]

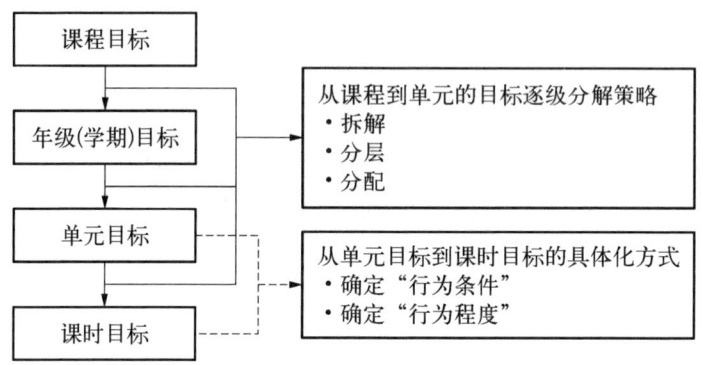

图5-2 课程目标逐级分解的技术路径

(2) 教学内容的分析与处理

教研组需要依据教学目标重组教材内容,把"教材内容"转化成"教学内容"。"教材内容"是教科书所呈现的内容,而教学内容是指与本学期教学目标相匹配、直接用来教与学的内容。教材内容处理的具体方法包括内容的整合、次序的重组、适度增减或替换等,教学内容的处理包括课时的分配与安排等。

(3) 教学实施的设计与优化

教研组应该深刻理解课程育人价值,积极探索促进学生核心素养培育的学习方式,强化学科实践,推进综合学习,落实因材施教。把学习内容情境化,让学习变得"有趣";把学习内容条件化,让学习"有用";把学习知识结构化,让学习变得"有意义"。

(4) 教学评价的确立与设计

教研组要依据教学目标,设计学生学习的过程评价与结果评价,明确这两

---

[1] 谭轶斌,席恒,陈群波,等.构建上海市小学"基于课程标准的教学与评价"支持系统[J].上海课程教学研究,2018(12):68-75.

类评价所占比重、评价方式、评价内容、观测要点和表现标准等,尤其要关注学生核心素养培育中无法用纸笔测验评价的内容和维度,以全面评价学生学业质量,也为教学改进提供依据。

2. 课程校本实施纲要编制的"四个基于"

各门课程校本实施纲要的研制与更新是学校推进课程建设的重要抓手,也是学校课程建设专业化水平的集中体现。在课程校本实施纲要"编制—实施—评估—完善"的持续过程中,落实国家课程标准,推动学校课程高质量发展。若要真正发挥课程校本实施纲要对于课程建设的促进作用及对于学生成长的服务作用,需要关注以下"四个基于"。

(1) 基于标准

课程标准反映了国家对于学生学习结果的统一的基本要求。一方面,学校课程实施具有很强的政策制约性,学校各门课程校本实施纲要的编制必须基于国家课程标准,以确保各项课程决策在政策允许的范围之内,保障国家育人目标的实现;另一方面,课程标准既为教师教学确立了一定的质量底线,又为教师教学预留了灵活实施的空间。基于课程标准的教学,需要教师"像课程专家一样"整体地、一致地思考"为什么教""教什么""怎样教""教到什么程度"四个基本问题,并作出正确的决定。

(2) 基于学校

各类、各门课程校本实施纲要的编制要基于学校,主要包括两层意思:一是纲要编制必须从学校的实际出发,基于学校课程发展的经验和传统,满足本校学生发展的需求,充分利用学校师资条件和课程资源条件,以便更好地实现课程育人目标,体现学校学科特色;二是要将一门学科或课程的纲要编制置于学校整体的课程体系中进行审视和统筹,超越"单门学科的视域",追求"课程协同育人",提升对于学校课程的整体意识和系统意识。

(3) 基于学生

学校课程建设的最终目的是服务学生全面成长。新课程背景下,为了培育学生核心素养,课程校本实施纲要的研制要进一步从"关注教师的教"走向"关注学生的学"，从思考"我该如何教"走向追问"学生会怎么学，我该为学生提供怎样的支持"，统筹协调目标、内容、活动、评价等教学要素。研究过程中，部分学校将课程实施纲要作为学生学习的重要支持，以文本形式呈现给学生，让学生对这门课程一个学年或一个学期的学习做到"心中有数"，使教师的"教"与学生的"学"能够实现共振，这一做法受到学生欢迎。

(4) 基于对话

各门课程校本实施纲要的编制不是教研组长或个别教师"闭门造车"的过程，而是全体学科教师共同参与、广泛对话、民主决策的过程。以实施纲要为载体，在"编制—实施—评估—完善"循环演进中，促进教师的深度合作与专业思考，通过广泛的对话促进课程改革理念的认同和内化，积淀学校学科建设的实践智慧，促进学科优势发展，实现教师专业发展，提升学校课程领导力。

三、指向素养培育的单元教学设计

开展单元教学是培育学生核心素养的重要策略之一。核心素养是一种复杂的、高阶的、整体性和社会化的综合表现，其发展具有建构性，不可能一蹴而就。因此，从核心素养培育的时空角度来衡量，"课"的单位可能太小，仅仅依靠单一的知识点或某一节课无法实现素养培育；"学期"或"整册教材"又未免太大；相对而言，由数节"课"所组成的"单元"或许较为合适，单元可以使核心素养的培育过程体现过程性的结构设计。

单元教学设计是指教师依据课程标准、教材的要求及对应的学校课程实施纲要，对某一单元的教学进行专业设计的文本，属于课堂教学层面"师本化""班本化"的课程制度方案，也可以称为单元教学计划或单元教学设计方案。

1. 单元教学设计指南的研制

2015年至2018年间，上海市教委教研室组织开展中小学各学段、各学科《学科单元教学设计指南》研制工作，出版了系列丛书，指南框架如图5-3所示。[1] 课程领导力项目学校参与其中，先行先试，开展单元教学设计实践研究。

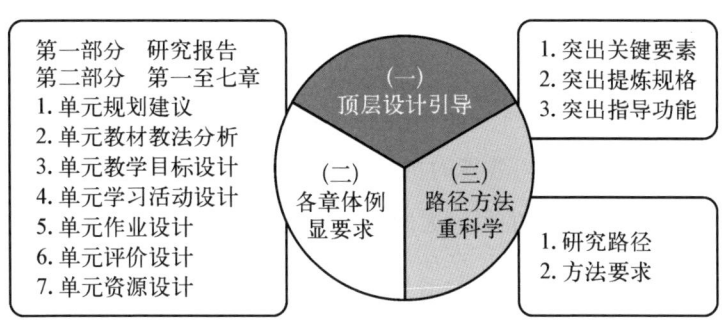

图5-3 《学科单元教学设计指南》框架

《学科单元教学设计指南》的编制主要体现以下特点[2]：① 关注学生核心素养发展和培育，以单元教学设计为切入口，帮助教师厘清单元教学目标，把握单元教学重点，为教师提供有效实施单元教学的方法引导；② 充分考虑单元教学案例的典型性、示范性和可操作性，所提供的案例不仅呈现单元教学设计的基本要素，更重要的是让教师清楚地认识到目标确定、整体设计、分步推进、环环相扣的设计思路；③ 为教师提供整体的单元教学设计"关键问题链"，以便教师在日常教学中根据学情灵活调整内容布局和课时安排，发挥各自智慧，促进教学质量的提高。

2. 单元教学设计的路径和规格

单元教学的设计一般需要经历四个步骤。

（1）整体规划学期单元。研读课程标准、教材等课程政策性文本，分析教材的逻辑与内容结构，关注教材内容所对应课程标准的相关要求，结合对学生认知准备与心理准备的分析，基本明确整个学期的单元划分。

（2）厘定单元教学目标。单元教学目标是学生在学科单元学习中所要达到

---

[1] 徐燕平.《学科单元教学设计指南》研制之道探寻[J].上海课程教学研究,2019(4)：75-80.

[2] 陈彩虹,赵琴,汪茂华,等.基于核心素养的单元教学设计：全国第十届有效教学理论与实践研讨会综述[J].全球教育展望,2016(1)：121-128.

的预期结果,它在教学目标层级中具有承上启下、前后关联的作用。单元教学目标既是对课程标准中"学习内容与要求"的分解细化,又是设计课时目标的依据。单元教学目标应有助于课程目标的达成,应准确而清楚地描述学习结果,应符合学生学情特点。

课程标准目标统摄各个单元教学目标,单元教学目标统摄课堂教学目标。换而言之,通过落实单元内各课时的教学目标来落实单元教学目标,进而落实课程标准目标。不同单元的目标之间应该各有侧重、相互支持、螺旋进阶,共同服务学生素养培育。

(3) 设计单元教学组织方式。单元教学的组织应加强学习内容的结构化设计和学习活动的结构化设计,为学生提供有效的学习经历。

单元学习内容的设计应紧扣本单元教材的重点和难点,力求科学、准确和适切,合理设定课时。单元学习内容之间应该有一定的逻辑关系,帮助学生构成准确而有意义的知识结构。

单元学习活动的设计应强化在单元目标统摄下,采用概念统领、任务驱动、问题解决、设计制作等形式或逻辑,引领学生认知过程和探究过程,明示活动的成果要求。创设让学生运用知识、技能解决问题的情境,引导学生在实践中完成学习活动,强化学生学习经验的获得和学科思想方法的培养。

(4) 编制单元教学设计方案。依据单元教学设计的基本规格(表5-3)[1],编制单元教学设计的整体方案。

表5-3 学科单元教学设计基本规格

设计要素	学科共性要求
单元教材教法分析	育人价值+内容主旨+学习过程+学情分析
单元教学目标设计	把握重点+明晰能力+挖掘意义
单元学生活动设计	目标建构—活动规格(流程、要求、档案、评价)—水平描述

[1] 上海市教育委员会教学研究室.课程领导:学校持续发展的引擎[M].上海:上海科技教育出版社,2019:141-142.

续　表

设计要素	学科共性要求
单元作业设计	目标建构—作业规格(属性表)—作业编选—作业分析(批改、统计、反馈)
单元评价设计	目标建构—框架设计(类型+途径+工具)—结果分析
单元教学资源设计	素材+片段+工具+课件;网络+场馆

3. 单元教学设计的学校推进

在上海市教委教研室研制的《学科单元教学设计指南》引领下,上海市提升学校课程领导力项目在学校、教研组、教师三个层面开展单元教学设计的研究与实践,积累了许多鲜活的实践成果。

和其他课程制度文本一样,单元教学设计也需要经历"编制—实施—评估—完善"的持续发展过程,虽然它更接近教师个体的课堂教学层面,但是若想发挥单元教学设计的更大效益,也需要从学校层面对其推进予以顶层设计和系统思考。上海市奉贤中学开展了"如何整体推进学科单元教学设计"研究,把单元教学设计纳入学校课程规划(学校课程计划)、课程校本实施纲要(学科学程模块)等学校课程制度文本的系统化运作之中(图5-4),并且结合学校实践对单元教学设计的基本要素关系进行再思考、再建构和再设计(图5-5),通过单元教学设计整体推动学校课堂教学转型,取得显著成效。

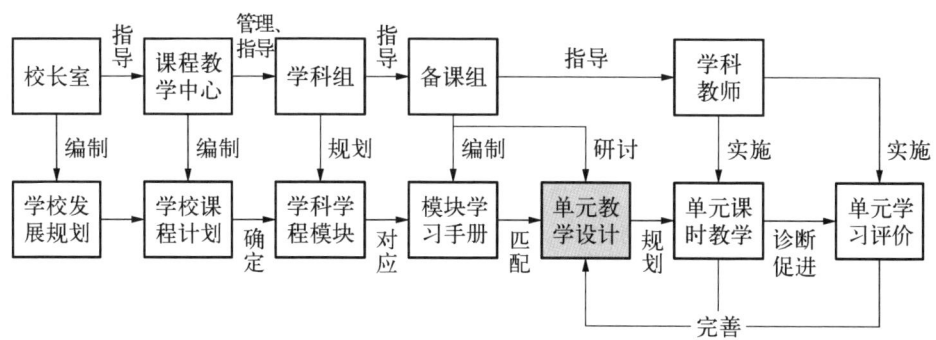

图5-4　奉贤中学整体推进学科单元教学设计的实践路径

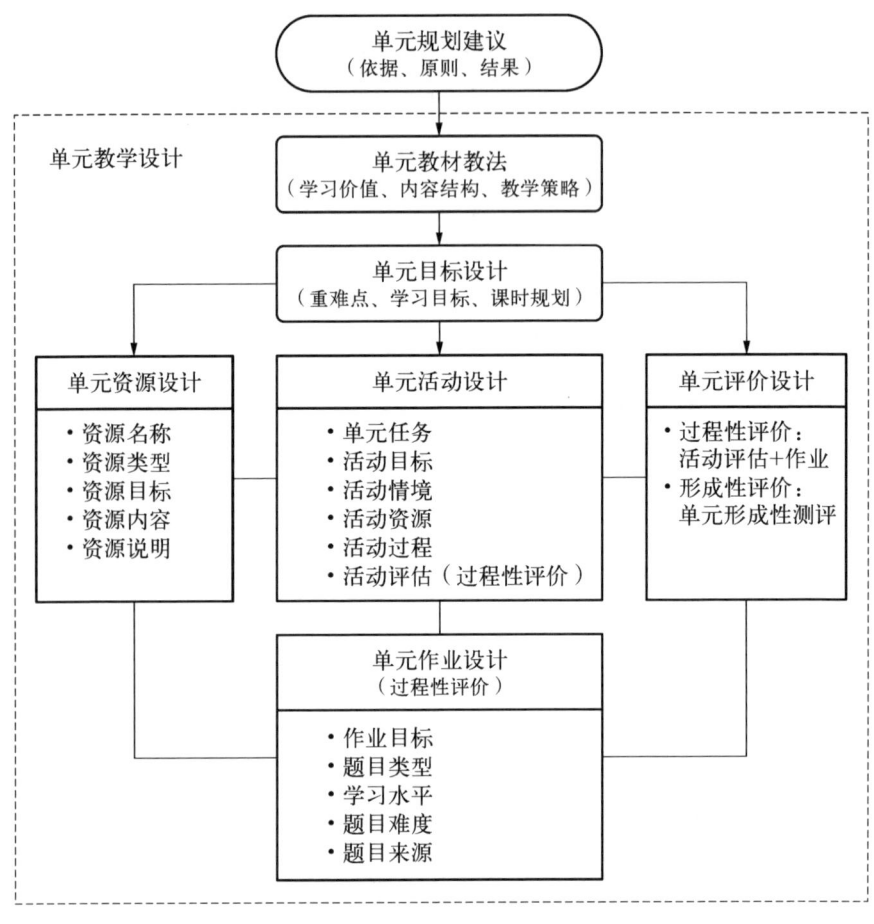

图 5-5 奉贤中学单元教学设计基本要素

第三节
促进国家政策落实的学校课程制度探索成效

在上海市提升中小学（幼儿园）课程领导力项目研究过程中，围绕学校课程规划、单元教学设计等系列化的学校课程制度建设开展了大规模、持续性的实践探索。历经十余年，形成了一套集价值观、方法论、操作系统于一体的支持国家课程政策在校落地的解决方案，成果辐射上海 16 个区、1500 多所中小学校课程建设，取得显著实效。

实践中发现,学校课程制度的编制与实施是学校课程实践的"熵减"过程,要形成常态不是一件容易的事。但是,一旦养成"习惯",学校课程发展便有可能摆脱同一水平的迂回,呈现出高品质的可持续发展。

一、有效辐射上海市全体中小学校,保障课程政策落实

系列化的学校课程制度建设,有力保障国家课程政策的常态化、规范化层层落实。在学校课程规划、各门课程校本实施纲要、单元教学设计等系列化专业性课程制度"编制—实施—评估—完善"的持续过程中,逐渐培育形成立体、完善的学校课程价值准则系统、课程行为规则系统和课程运行保障系统,成为学校组织中每个成员理性认同和自觉遵守的"共同约定"。合理、完整、有效的学校课程制度有利于消解学校课程运行中的价值模糊和行动无序,为国家课程政策在学校中的高质量实施促进价值澄清、提供行为导引和保障程序文明。

问卷、访谈等调研均表明,学校课程制度的编制与实施已经成为上海市中小学课程建设常规性工作,在规范课程行为、凝练团队共识、促进实践反思、积淀课程经验等方面发挥积极作用。以学校课程规划为例,2022年项目学校教师问卷显示,87.08%的教师认为"我参与了学校课程规划的研制",93.74%的教师认为"学校组织全体教师对学校课程规划进行研讨和学习",95.44%的教师认为"学校课程规划中蕴含对每一位教师的工作要求",88.94%的教师认为"学校就课程规划实施情况征询过我的意见"。

系列化的学校课程制度让国家课程政策在校落实成效可观察、可检测、可循证。一方面,系列化的课程制度成为课程政策在校层层落实的有形"阶梯",促进"步步实、点点清";另一方面,学校"共时性"的系列课程制度文本直接反映当下课程政策在校落实的真实样态,学校"历时性"的系列课程制度文本真实反映课程政策在校落实不断演变的发展进程。系列化的学校课程制度所具备的这些性质和功能,使其可以成为可信、有效的实践证据,让国家课程政策在校落实成效的循证评估变得可能和可行。

二、有力促进学校课程领导力提升,服务师生共同成长

学校课程制度不仅是静态的文本,而且是行动的过程。采取"以制度带动实践,以实践迭代制度"的显性化策略,将国家课程政策全面体现于课程制度之中,保障其在实施过程中的忠实执行;培育"主体卷入,以终为始,编以致用,迭代演进"的思维模式和行动习惯,在"规范"前提下"创新"解决实践问题,在反复调适中使课程更加符合学校实际,满足学生成长需求。

系列化的学校课程制度建设能够有力促进学校课程领导力提升,主要体现在以下四个方面。

(1) 能够有效提升学校和教师的课程意识。它有利于促进教师超越一门学科的藩篱,突破单一的教学论话语方式,从整体上把握学校课程结构,理解某类、某门课程的性质与要求,形成学校课程的整体意识和系统观,增强对于课程意义的敏感性和自觉性。

(2) 能够重塑学校课程建设的心智模式。引导学校和教师尊重事实、针对问题、基于证据、持续改进,从粗放型管控式管理走向精细化专业型领导,像"课程专家"那样思考、完善学校课程,提升学校课程建设的专业性和自我效能感。

(3) 能够积淀学校课程建设的实践智慧。以专业性课程制度文本的形式固化学校课程实践探索经验,在课程制度迭代之中实现个人和组织知识的创新、提炼、分享、运用和更新,这对于学校这样一个典型的知识型组织显得尤为重要。

(4) 能够推动学校课程领导共同体建设。学校教师在以课程制度为载体的深度合作中,通过专业影响的方式形成共同的课程价值追求,致力于学校课程目标的实现,孕育学校课程持续发展的内生动力。

以学校课程规划为例,为了探索学校课程规划与课程文化、教研、备课、课堂教学、作业、考试测验等要素之间的关系,上海市提升学校课程领导力项目组于2019年对6152名教师进行问卷调查,对收集到的40多万条信息进行了信度、效度、相关性(表5-4)和回归分析。

表 5-4　学校课程规划与课程文化等要素的相关系数表

	课程文化	课程规划	备课	课堂教学	作业	考试测验	教研
课程文化	1						
课程规划	0.84	1					
备课	0.65	0.63	1				
课堂教学	0.65	0.68	0.79	1			
作业	0.58	0.59	0.73	0.80	1		
考试测验	0.57	0.58	0.69	0.77	0.80	1	
教研	0.68	0.71	0.66	0.76	0.71	0.72	1

从表 5-4 可以看出，学校课程规划与课程文化、教研的相关系数超过 0.7，体现强相关；学校课程规划与课堂教学、备课、作业、考试测验的相关系数均超过 0.57，体现中（强）相关。以学校课程规划为自变量，分别以其他要素为结果变量进行回归分析，系数均在 0.46 以上，统计检验结果显示达到显著性水平（$P<0.001$）。

对于学校课程改革而言，制度化是一项成功的课程改革必须经历的最后一个阶段。学校课程制度建设与学校课程改革相伴共进，其最终目的是实现课程改革的制度化，让课程改革所倡导的理念转化为校园中师生们的日常生存状态。

需要说明的是，项目研究关注理念落实到行为过程中的技术支持，对于学校课程规划等各类课程制度的编制与实施明确了一些规定，研发了一系列操作性的"脚手架"。这些"规定"和"脚手架"不是要从形式上束缚学校和教师的思维与行为，而是为实践行动提供基本的路径指引，以此作为最基本的质量保障和实践支持，学校可以在此基础上作进一步的创造和创新。此外，相对稳定一致的规范格式也能为学校和教师间的交流研讨提供基本框架，有利于相关教研的聚焦和深化。实践证明，这样做是有价值、有必要的，也是有效的。

第六章
"力"提升：彰显经验共享的课程文化[①]

经验是主体在生活世界中通过自我与他人、自我与世界的交互作用所生成的知识、思想与体验的统一体。[1] 简而言之，经验是人们在实践活动中总结出来的对外部世界的认识，是实践中萃取的精华，指向问题解决或目标达成的最佳实践。任何个体或组织的发展都离不开经验的持续积累，教师和学校概莫能外。经验具有情境性、实践性、个体性和缄默性，因此，虽然经验提炼和分享是我们平日经常做的事，却仍然似"黑匣子"般难以名状，是实践领域的一个难题，经常存在"有实践，无经验""有经验，无共享""有共享，无迁移"等现实问题。

"让经验在共享中增值"是学校课程领导共同体建设的重要策略之一，也是学校课程文化的重要组成。一方面，组织最大的浪费就是经验的浪费。经验是一切可靠知识的来源，通过经验共享可以促进学校内部的知识管理，让聚焦学校课程问题解决的实践知识流动起来、使用起来、更新起来；另一方面，通过经验共享可以增进教师之间的相互关系及专业影响，营造在课程实践中协同共生的文化氛围，建设民主、合作与分享的学校课程领导共同体，提升学校课程领导力。

---

① 本章内容主要引自笔者发表于《人民教育》2022 年第 18 期的《优秀教育经验的有效共享与增值》一文，有改动。
[1] 李晓阳. 教师经验及其生成[D].武汉：华中科技大学，2009：1.

第一节
经验共享课程文化的价值与意义

教育经验包括在开展教育教学实践过程中产生的教师个体经验、教研组团队经验及学校集体经验等。教育经验不仅是教师专业发展的前提条件，也是学校课程高质量发展的力量源泉。从本质上讲，教育改革就是一个不断积累、验证、运用和推广教育经验的过程。教育经验是课程改革、学校组织和教师个体三位一体、联动发展的黏合剂与纽带。

一、课程改革成功的必由之路

对课程改革而言，"经验共享"的最终目的是用"我们的经验"去推动课程实践的再创新。课程改革能否解决、摆脱形式主义的问题与误区，关键在于能否积累丰富的"内生性"改革经验，并从"外推式"改革转向"内生性"改革。[1]经验是人类行为发生的基本逻辑，只有当教师积累了丰富的实践经验时，才能将"倡导的理念"转化为"践行的理念"，课程改革才有可能真正实现。

改革意味着重新选择。在改革过程中，改革者不仅要合理地解决"改什么"的内容问题，而且要恰当地解决"怎样改"的方法问题。"怎样改"的方法问题对于改革能否成功具有重要意义，"怎样改"的经验常常蕴藏在广大教师的实践之中，我们应该将最有效的经验以最合适的方式传递给最需要的教师，以此提升教师实施新课程的能力，这种能力又能反哺推动学校课程改革向前发展。

二、学校课程文化的重要组成

对学校而言，"经验共享"意味着要将"我的经验"变成"我们的经验"。学校是典型的知识组织，学校可持续发展的力量主要来自学校自身。具体来说，就

---

[1] 郝德永.新课程改革：症结与超越[J].教育研究，2006(5)：25-29.

是能够在实践中持续创造出满足发展需求的组织知识和经验的能力。因此,学校一方面要激励更多教师去探索、创造、积累和表达新的教育经验;另一方面,要让优秀教师的教育经验能够为更多教师共享,成为学校集体的共同财富,促进学校组织知识的建构与更新。

组织最大的浪费就是经验的浪费。通过经验共享,让学校内部的课程经验流通起来,将个人经验升华为集体智慧,是提升学校课程领导力的重要途径。培育教师在经验共享中深度合作、相互影响的习惯和氛围,也是学校课程文化的重要组成。

三、教师专业发展的必要条件

对教师而言,"经验共享"过程中要促进对实践的反思,将"我的实践"升华为"我的实践性知识"。美国心理学家波斯纳(G. J. Posner)提出"经验+反思=成长"的教师成长公式,并且认为没有经过反思的经验是狭隘的经验。[1] 反思缘于怀疑、不确定和困惑,它是一种元认知机制,通过确认各种行动对目标实现的贡献程度,将经验中的智慧要素萃取出来,改变自身认知结构,成为一种有效的学习方式。

国内外大量研究表明,教师对教学经验的反思是导致一部分教师能够成为专家型教师,而另外一部分教师却不能的重要原因。[2] 优秀教师应该具备的大量缄默知识和实践智慧无法通过接受学习而获得,需要在对实践的不断反思中积累形成。教师通过反思,促进隐性经验显性化,零散经验系统化,具体经验一般化,在积淀和澄清经验的过程中加深对教育的理解,完善教育教学行为,提升专业理性自主,保持一种动态、开放、持续发展的专业成长状态。

---

[1] 赵昌木.论教师成长[J].高等师范教育研究,2002(3):11-15.
[2] 宋广文,都荣胜.专家型教师的研究及其对教师成长的启示[J].当代教育科学,2003(1):26-29.

第二节
经验共享课程文化的过程与策略

美国学者库伯(D. A. Kolb)在其著作《经验学习——让经验成为学习和发展的源泉》(*Experiential Learning: Experience as the Source of Learning and Development*)中提出的"经验学习圈"理论,成为经验学习研究的重要理论依据。[1]库伯强调从行动中归纳出经验,把经验升华为规律,再用规律去指导行动。借鉴"经验学习圈"理论,结合学校实践,探索并建构"经验共享"的行动路径(图6-1)。其中,经验提炼是基础,经验迁移是目标,经验"采购"是两者之间的链接;具体包括经验自我提炼、经验合作提炼等九个步骤,实践中可以根据需要灵活组合开展,也可以与教研组活动、校本研修等相结合进行。

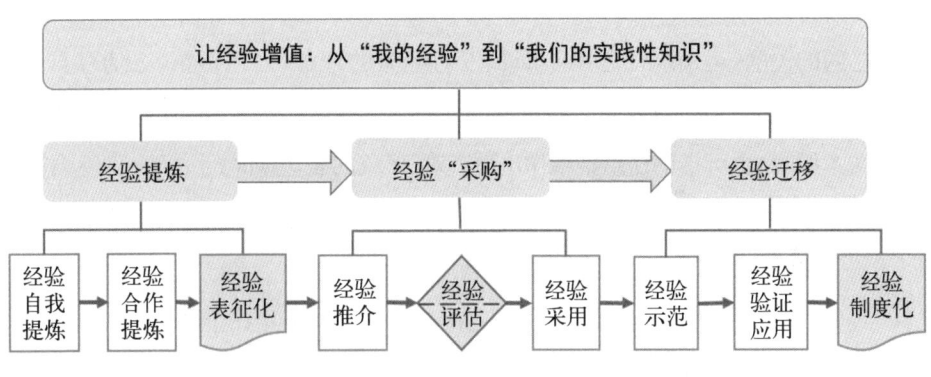

图6-1 "经验共享"的行动路径

一、经验提炼:知其然并知其所以然

经验提炼是对实践进行系统梳理、深层次思维加工的过程。提炼的目的是要精准识别我们所尝试的行动和所发生的结果之间的"因果"关系,提炼出实践蕴含的方法和原理,通过理性寻找背后的本质,做到"知其然并知其所以然",

---

[1] Kolb D A. Experiential Learning: Experience as the Source of Learning and Development [M]. Upper Saddle River: Prentice-Hall, 1984: 31-61.

提升经验的普适性、应用价值和借鉴意义。

经验提炼中经常遇到的困惑是：作为实践工作者，对学校教师而言，经验提炼并不是擅长的事。大家习惯于叙事化表述，但常常停留在讲案例、叙过程、说收获的层面，而不太关注从生动的实践中提炼核心问题、建构关键方法和确立基本观点。但是，经历和成效本身不能等同于经验，经验需要揭示其内在实质，不仅陈述"是什么"，还需说明"怎么做"。

经验提炼是一个非常个体化和内隐的过程，针对上述问题，为了引导教师深入开展经验提炼，可以采用可视化策略，把经验提炼的具体过程通过流程图的形式表征出来，让隐性过程显性化，使经验提炼过程有序、务实和可操作，具体包括"经验聚焦、经验回顾、经验追问、经验萃取、经验表征"五个步骤（图6-2）。通过"经验聚焦"锁定提炼目标，确定经验的范围及核心所在；通过"经验回顾"还原问题解决、经验产生的来龙去脉，为经验提炼提供基本素材；"经验追问"和"经验萃取"是经验提炼中至关重要的两个步骤，边"追问"边"萃取"，直逼经验核心，分析行动与结果之间的关联，运用理性思维不断加深对经验的理解，去粗存精，去伪存真，揭示规律，凸显其中的智慧要素；"经验表征"是经验外显化的过程，立足基本要素，进行文本撰写，也可借助信息技术作出更直观、形象的表达，如数字故事、微视频等。

二、经验"采购"：评估之后的智慧分享

经验"采购"是要打破经验所有者之间的壁垒，让经验在个体、群体、组织之间流动，从"我的经验"走向"我们的经验"。使用"采购"一词，旨在强化在经验分享基础上进一步追问"我可以从这个经验中学习到什么""我是否需要在实践中迁移运用这个经验"……基于自身实践需求作出"是否采用"的价值判断，为后续经验迁移环节作铺垫。

现场研讨、观摩和交流仍然是目前最常用的经验推介、分享方式。实践中遇到的问题是：面对复杂的教育经验，在有限的分享时间内，参与者很难迅速领悟其中的精髓和要义。这也直接导致大多数经验分享仅仅停留在"知道""了解"的层面，获得一些感性的理解和碎片化的信息，无法满足"教会他人"经验迁移的实践需求。

第二篇 行动框架：从理念到实践

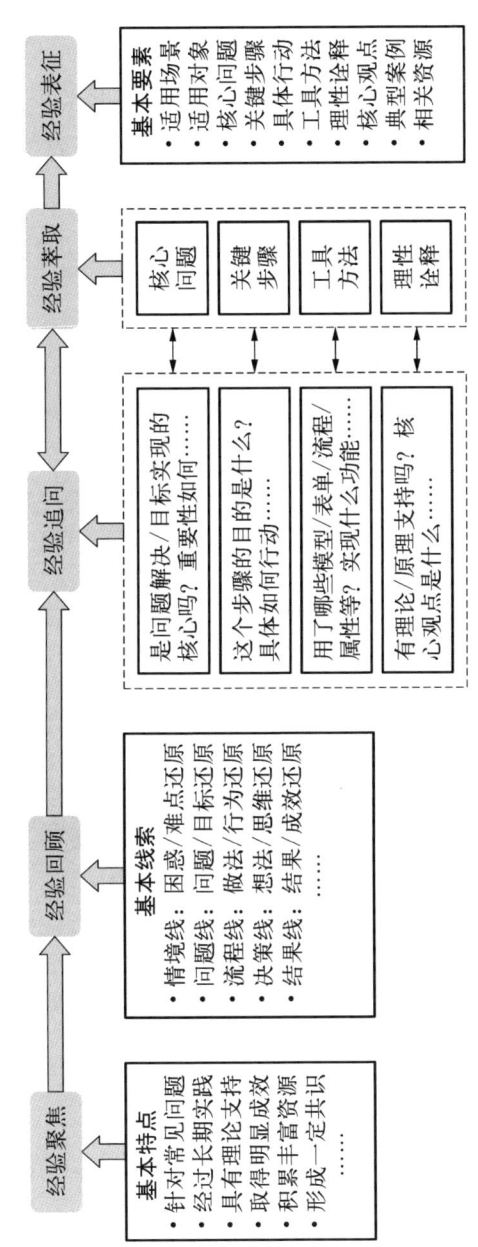

图6-2 "经验提炼"的可视化流程

经验分享需要目的驱动、价值驱动和冲突驱动。高结构、有逻辑的经验更容易使对方深度理解。针对上述问题，可以通过研制"经验属性表"等支持性工具，使经验更完整地呈现，让分享的双方信息充分对称。例如，在上海市提升中小学(幼儿园)课程领导力行动研究项目组开展的"课程领导经验校际共享"主题研修中，研制了"经验属性表"(表6-1)。"经验属性表"类似于经验产品说明书，可以作为经验提炼时的导引单，促进经验聚焦，提升结构性和逻辑性；也可用作经验推介宣传单，提供经验概览，促进经验理解，以便参与者能快速领会经验的核心、要点和创新之处。

表6-1 "经验属性表"示例

	经验名称		
	提供学校		执笔团队
基本信息	适用领域	□课程规划　□课程目标　□课程结构　□课程实施 □课程评价　□团队研修　□机制保障　□资源建设 □其他：	
	适用对象	□分管校长(领域：　　)　□中层干部(部门：　　) □教研组长(学科：　　)　□年级组长(年级：　　)　□其他：	
	适用年级	□全校　□六年级　□七年级　□八年级　□九年级 □其他：	
	实施周期	□一个月　□半个学期　□一学期　□一学年　□其他：	
经验简述	适用场景	回答"为什么"，介绍经验产生的背景、解决的问题、适用的场景等	
	行动目标	回答"做到什么样(应然层面)"，介绍运用经验的结果预期，可以达成哪些目标	
	实施要点	回答"怎么做(基本程序)"，包括整体设计、基本流程、关键步骤等	
	实施保障	回答"怎么做(支持系统)"，例如：核心观点＋关键策略＋实施工具(包括各类量表、属性表、关键问题链等)＋各类资源(包括各类文本、具体案例、信息化平台等)＋组织机制等	

续 表

经验简述	理性诠释	回答"为何这样做会有效",提供理论依据,解释经验背后的有效机理、创新之处等
	实践成效	回答"做得怎么样(实然层面)",经历几轮或多长时间的实施,基于证据呈现实效
	实践反思	回答"还能怎么做(注意事项)",反思经验的不足之处,思考进一步深化的方向,并对经验运用可能存在的风险作必要提示
附件		典型案例、相关资源等

需要特别指出的是,经验作为基于特定情境的成功探索具有局限性,虽然在提炼阶段已经作了反思性升华,但在迁移运用之前仍然需要持谨慎态度,避免"以谬传谬"现象的出现。常用的方法是在经验分享的同时伴随经验评估,对其科学性、可行性、有效性进行"第三方"或"答辩式"论证,这个环节也能促进经验的完善和优化。

三、经验迁移：按需择宜并及时制度化

经验迁移是经验输入方在学习、内化经验后,将其运用于自己的教育教学实践之中的过程,是发挥经验价值的重要环节,也是经验经受验证、修正、发展、完善并走向成熟的重要途径。

经验迁移是实践中的"难事",具体表现为经验分享后缺少行为跟进,往往是"听听很激动,回去一动不动"。那么,是教师不够积极、不够主动吗？分析经验迁移的过程,可以帮助我们了解其中的缘故。由于经验具有样本小、情境性强等特征,同时也因为教育本身的复杂性,教育经验的推广运用大多数情况下不可能简单模仿,只能如舍恩(D. A. Schon)在《反映的实践者》(*The Reflective Practitioner*)一书中所言,"相似地看待着"和"相似地解决着"。[1] 所有的经验都只是备用的"草案",根据实践情境、具体条件、课程文化的不同,需要因地

---

[1] 舍恩. 反映的实践者[M]. 夏林清,译. 北京：北京师范大学出版社,2018：108-136.

制宜地调整和改造,实践并产生新的经验,具体过程如图6-3所示。因此,教育经验迁移的本质不是"抄作业",而是一次实实在在的"再度创新",需要放弃自己原先习惯的行为,走出心理学中所说的"舒适区",进行刻意的练习,付出深度思考、心智劳动和意志努力,这是一个有难度、带挑战、让人感觉不舒服的过程,人们会对它采取自我防卫性的"逃避"。

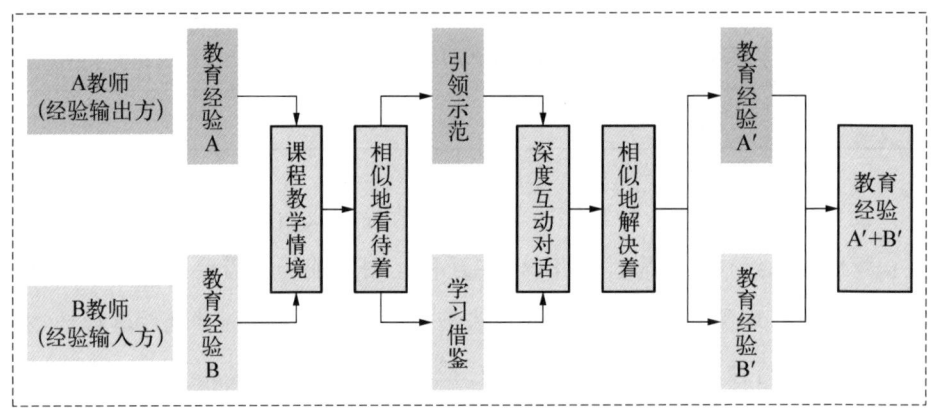

图6-3 "经验迁移"的过程分析

由此,经验迁移体现的是"择宜的艺术",不适合规模化地推进,因人而异、因事而异,不必求"多",但求有"用"。给教师充分的选择空间和权利,倡导选点突破,先"做起来",让小行动成就大作为。此外,经验迁移强调"神似"而非"形似",不可能做到一模一样,是努力理解经验的因果结构并用以指导具体的行动,追求"举一反三"和"灵活运用",解决学校课程改革中的重点和难点问题。

"经验制度化"是经验共享的最后一个环节,往往容易被忽视。经验的科学性、可行性和有效性一旦通过验证,并在一定范围内推广成功后,学校需要及时考虑将经验制度化。用更准确、概括的语言、文字、模型等对经验进行显性化表征,使其成为能表述、使用和共享的学校课程实践性知识,将其纳入学校课程规划、课程校本实施纲要等制度性课程文本之中,作为一种共识性规范,成为学校教师开展此类相关工作的行动指南,以防优秀经验流失,保障经验长期、规范运用,直至诞生更好的经验。唯有如此,才能让更多教师、学生从经验中受益,实现经验增值最大化。

第三节
经验共享课程文化的方法与成效

经验共享,除了具体的行动,信任、合作、进取的团队研修氛围是必不可少的支持。没有思维的参与便不可能产生有意义的经验,经验共享使经验在不同层次之间、不同主体之间多维互动。增加"理论"与"实践"之间的碰撞和交互,可使经验越"辩"越明,越"用"越多。

一、经验提炼中的三个层次

经验是对实践的理性思考与超越。实践、认识,再实践、再认识,循环往复以至无穷,相继迭代进入更高一级的层次,这是马克思主义认识论的一个基本原则。毫无例外,经验提炼也遵循这一原则。具体经验、一般经验和科学经验构成三个连续的经验层次,其内涵指向、基本特征、可迁移性各不相同(表6-2)。实践中,大多数实践经验仅仅处于具体经验层次,经过提炼,努力向一般经验靠拢,但较难达到科学经验水平。

表6-2 经验提炼中三个层次的特征分析

经验层次	内涵指向	基本特征	可迁移性
层次1 具体经验	回答"做什么"	对个案事件的具体描述。提出一个问题或者一个观点,描述解决问题的过程并举例,呈现一些效果,作出一些解释,说明一些体会	较难应用和推广
层次2 一般经验	回答"怎么做"	对一类事件的系统阐述。针对具有代表性的问题,阐述解决问题的指导思想或基本原则和策略,提炼基本程序、操作要点、实施条件、适用范围等,呈现问题解决的案例组合,说明实施效果,作出解释,提出意见和建议	可以成为解决同类问题的参考范例

续　表

经验层次	内涵指向	基本特征	可迁移性
层次3 科学经验	回答"为什么这样做"	对一类实践的科学阐述。在一般经验的基础上，体现实证研究，经得起多次重复，能解释实施效果与实施过程各要素的因果关系，建构起有证据支持的理论或者实践模型	具有较高的科学价值，能广泛应用和推广

经验提炼层次递进中，理性的审视在其间发挥至关重要的作用。然而，前文提到的"课程领导经验校际共享"主题研修问卷表明，半数以上教师认为"理性诠释"和"凝练观点"是经验提炼中最难的两个环节。由此可见，各级教研在关注教师教学实践能力提升的同时，需要加强对教师理论素养的研究与指导。

二、经验共享中的三种对话

1. 与自我对话

未经反思的经验就是杜威所谓的"不经研究或思考而视为当然的东西"，往往是狭隘的、肤浅的。[1] 教师开展经验提炼是一个反躬自省、深度反思的过程，将自身的课程教学活动或经历作为认知的对象，批判地、有意识地进行分析与再认知，通过抽象把握经验的本质，内化为自己的实践智慧。这个过程也是教师实现专业发展的必由之路。

2. 与文本对话

经验共享中教师和文本的对话主要包括两个方面。

一方面是开展理论学习。经验具有生成性，不是提前设计和安排好的，所以理论依据往往不清晰。加强文献学习能让教师对正在提炼的经验产生洞见，理论的认识功能、解释功能和启发功能可以使经验的普遍意义及本质规律得以凸显。

另一方面是付诸文本写作。当把思考呈现在纸上时，那些模糊与抽象的观

---

[1] 杜威. 民主主义与教育[M]. 王承绪, 译. 北京：人民教育出版社, 2001：158-165.

点会变得清晰与具体,可以看清彼此间的关系,从而产生更好的想法。写作可以让思维升级。

3. 与同伴对话

"相观而善之谓摩",经验共享中和同伴的对话表现为一种群体的建构性反思,通过头脑风暴、观点碰撞,从不同角度促进经验的完善和提升。同伴包括本校教师,也包括他校教师;包括共同创造经验的伙伴,也包括准备迁移经验的伙伴;还包括教研员、高校专家等。和同伴的对话应聚焦问题,强化"内部和外部的"不同观点间的争鸣,可以采用"角色扮演"等策略规避各自的"防卫性习惯",远离空泛而无意义的漫谈,在互动中达成共识,把"我"的经验变成"我们"的经验。

三、经验迁移中的三方提升

1. 输出教师:把做好的事情说出来,迭代经验

经验共享中,输出教师的经验迭代主要表现在以下三个方面。

(1) 在自我提炼的过程中迭代,促进经验的内省和固化,实现经验外显化、系统化、理性化和逻辑化。

(2) 在示范他人的过程中迭代。根据学习金字塔原理,最好的学习方式是"教授给他人",他人的追问和讲授的任务都能驱动更深层的思考。

(3) 在他人迁移中迭代。不同情境中的实践会使经验产生变式和创新,能验证并反哺原来的经验。

2. 输入教师:把听到的事情做出来,创生经验

对于经验的学习,最常用的是"你讲我听"的方式,结果往往是"浅尝辄止"。有效的经验共享,倡导输入教师"按需择宜"地把听到的、学到的事情做出来,开展具身学习,强调行为跟进,在借鉴、吸收他人经验精华的同时,结合自身的情境、条件和需求进行创造性实践,解决自己面临的实际问题,把他人的经验转化为自己的实践认知。

3. 团队组织:促进课程共同体建设,共享经验

经验共享的过程本身是一个以知识建构与意义协商为内涵的学习平台,强调教师间的互动沟通和协作互信,有利于推动教师团队或学校组织向"共同愿景、团队学习、改变心智、自我超越"的课程共同体迈进。通过经验共享,将符合课程改革价值追求的少数人的经验变成多数人的经验,将少数学科的做法变成多数学科的做法,从而使改革发生在学校组织层面而非教师个体层面,促进课改深化,赋能学校课程高质量发展。

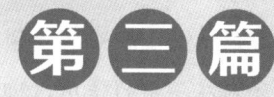

行动关键:

以课程制度为突破口

本 篇 导 语

任何一所学校的制度都是在一定的价值观指引下制定出来的,制度反映学校的价值追求。课程制度实施的过程,也是学校课程价值观实现的过程。真正卓越的学校不会仅仅依赖校长或其他领导者的个体领导力,而是会将领导力根植于课程制度"编制—实施—评估—完善"的实践过程中,促进学校课程系统的"自适应""自运行""自发展"。

在学校课程领导力提升"同心圆"实践模型中,处于中间层的"课程制度"发挥承"里"启"外"的关键作用,也是最具象、最便于把握的行动载体。学校课程建设是一个专业实践领域,制度对其具有引领实践价值、规范专业行为、协调各种内在关系的作用,借助课程制度的迭代更新可以带动学校课程的持续发展,培育学校课程自主更新的内在机制。我国基础教育课程改革已经步入"深水区",课程制度建设可以作为突破口之一,成为提升学校课程领导力的行动关键。

在提升学校课程领导力的行动过程中,尤其需要关注侧重"规范的"课程专业制度的建设及实施机制的培育。除了第二篇中所提及的学校课程规划、各门课程的校本实施纲要、单元教学设计等系列化课程外,本篇以列举的方式,从学校课程规划一致性的提升与实践、校本教学视导的设计与实施、综合教研制度的建构与创新等方面进一步介绍实践中的经验和做法。

第七章《学校课程规划一致性的提升和实践》主要论述"合一致"对于学校

课程规划有效实施的重要性，建构了"内部""外部""横向""纵向"等多维一致的制度运行机制，着力提升学校课程规划编制与实施的一致性，让学校课程规划从"编好"走向常态化"用好"。

第八章《校本教学视导的设计与实施》主要辨析以校为本的教学视导和传统意义上的教学视导的异同之处，围绕校本教学视导的理念、制度、程序和方法等基本要素进行有效性特征分析。在校本教学视导中，学校集策划者、组织者、实施者、评价者和改进者于一体，其本质是一种指向自我发展的学校课程评价，有利于提升学校课程教学改革的效能感，培育学校"批评与自我批评"课程文化，推动学校课程高质量发展。

第九章《综合教研制度的建构与创新》主要分析课程改革背景下开展综合教研的价值与意义，相对学科教研而言，综合教研的主体和内容都超越了学科的边界及范畴，因此需要重构学校教研制度，包括优化学校管理组织架构和职能，更新学校课程运作流程与机制等，并且促进综合教研的深度实施。

立足课程制度开展行动实践，能够有效提升学校课程建设的专业化思维、系统化思维和常态化思维。任何课程改革若要取得实质性成功，必须建立起一套与改革理念和要求相匹配的、具有统一价值立场和行动规范的课程制度，使之能够常态化实施。在上海市提升中小学（幼儿园）课程领导力行动研究中，坚持学校"双项目"联动，让课程制度规范建设与课程改革创新突破关联互促，带动学校课程扎实而有效地持续改进。实践证明，这是一种比较可行的行动策略，但是需要长期坚持以形成"习惯"。

第七章
学校课程规划一致性的提升与实践[①]

学校课程规划是联结国家课程政策和学校课程行动的实践构想,在将国家理想课程转化为学生经验课程、保障国家育人目标实现的过程中至关重要。编制并实施学校课程规划是学校开展课程领导的题中应有之义,学校课程规划也是系列化学校课程制度中的核心制度。"上海市提升中小学(幼儿园)课程领导力行动研究"项目始终将学校课程规划的编制与实施作为重点研究领域之一,先后回答了"如何有效编制学校课程规划""如何基于证据完善学校课程规划"等问题。

学校课程规划不仅要"成文",更要"成事",将编制的规划付诸行动,推动学校课程高质量实施。针对学校课程规划"为编而编""忽视实施"等现象,2019年启动的第三轮上海市课程领导力项目研究,以"学校课程规划要编好,更要用好"为目标导向,作更"尽精微"的实践研究,提升学校课程规划一致性是其研究视角之一。

第一节
提升学校课程规划一致性的主要理据

学校课程规划是学校按照国家课程方案、地方课程实施办法和相关课程政

[①] 本章内容主要引自笔者发表于《上海课程教学研究》2022年第4期的《提升学校课程计划一致性:为何与何为》一文,有改动。

策要求，结合学校课程愿景、生源特点、师资条件、课程资源等实际情况，进行忠实执行取向下的校本调适，对学校课程进行全面设计与整体安排，以更好地实现国家育人目标、促进学校课程高质量发展的学校课程行动。新课程背景下，学校课程发展是学校围绕育人目标整体规划、实施、评估与改善课程的持续性过程，学校课程规划为这个过程提供制度支持和实践载体。

"一致性"是指两种或更多事物之间的吻合程度，即事物各个部分或要素协调成一个和谐的整体，共同指向对同一概念的理解[1]，或同一目标的实现。提升学校课程规划的一致性，是为了更好地落实国家课程方案，让学校课程更好地服务学生成长，实现学校课程目标。"合一致"是学校课程规划编制与实施的本质属性，就实践而言，它是当前学校课程规划亟须提高和完善的方面。

一、落实国家课程方案的必然诉求

国家课程方案、地方课程实施办法及相关课程政策的落实，是学校课程规划一致性的基本起点。国家课程政策既包括依据国家教育方针和目标制定的课程方案和课程标准，编写的教材等，也包括体现国家教育改革总体方针、战略、规划的政策文件。国家课程政策体现国家教育意志，是学校课程规划编制和实施的根本性依据。

编制与实施学校课程规划是学校一级课程管理的重要责任。近年来，教育部先后颁布的《普通高中课程方案（2017年版 2020年修订）》和《义务教育课程方案（2022年版）》都进一步明确要求：学校应依据国家课程方案和省级课程实施办法，立足本校办学理念，分析资源条件，制定满足学生发展需要的学校课程实施规划，注重整体规划，有效实施国家课程，规范开设地方课程，合理开发校本课程，将国家育人理念、原则要求转化为学校具体育人实践活动。[2,3]

---

[1] 崔允漷,雷浩.教-学-评一致性三因素理论模型的建构[J].华东师范大学学报(教育科学版),2015(4):15-22.

[2] 中华人民共和国教育部.普通高中课程方案(2017年版 2020年修订)[S].北京:人民教育出版社,2020:10-11.

[3] 中华人民共和国教育部.义务教育课程方案(2022年版)[S].北京:北京师范大学出版社,2022:13.

依据古德莱德的课程层次学说,学校课程规划应该属于国家"正式课程"与教师"领悟课程"之间的学校层面的"领悟课程",上承国家课程方案和地方课程实施办法,下接学校教师课程实践,是学校将国家正式课程转化为学生经验课程的重要桥梁,是国家课程政策在学校落实的首要保障。学校必须准确理解课程政策的理念和内容,将其最大程度地全面体现并落实于课程规划之中,保障国家培养目标的实现。

二、完善学校课程规划编制与实施的本质要求

美国著名经济学家、认知心理学家赫伯特·西蒙(H. A. Simon)1987年在其《关于人为事物的科学》(The Sciences of the Artificial)一书中提出,这个世界本质上是"设计的"世界,人类设计的"人为事物"加上大自然缔造的自然事物一同组成了错综复杂的世界。他将设计思维定义为一种在现有的条件下寻求更好方案的过程。[1]不能否认,学校课程规划是一个"人为事物",体现基于设计的实践特征,为了实现培养目标、解决现实课程问题,学校管理者、教师、学生和专家等共同努力,在真实情境下进行设计并开展实施,根据来自实践的反馈不断改进,直至形成可靠而有效的设计。

以设计为中心的研究主张分析教育实践中的各种一致性。一致性这个概念贯穿整个教育领域,不但可以用于教学研究,也可以用于课程研究,以设计为基调的教育实践都与一致性有关。[2]文献研究表明,较多关于学校课程规划的研究也把一致性作为重要指标。[3]崔允漷等学者认为,校本课程规划是否专业,主要体现在规划内部的一致性上,一致性是校本课程规划发挥功能的基本保证。[4]

---

[1] 李彦,刘红围,李梦蝶,等.设计思维研究综述[J].机械工程学报,2017(15):1-20.
[2] 郑兰琴,杨开城.为什么要研究一致性而不是有效性?[J].中国电化教育,2014(9):20-23.
[3] 王文婧.义务教育阶段学校课程规划方案评价研究[D].长春:东北师范大学,2019:50.
[4] 崔允漷,周文叶,岑俐,等.校本课程规划:短板何在——基于Z市初中校本课程规划方案的分析[J].教育研究,2016(10):87-94.

三、提升学校课程规划有效性的现实需要

经过十多年的实践探索,上海市中小学实现了从"一张课表"到"一份规划"再到"一个行动过程"的转变。学校课程规划编制与实施已经成为学校开展课程建设的常规性工作,有力地促进了学校课程建设从"经验化"走向"科学化",为学校课程质量提供制度性保障,使课程质量管理变得可能和可行。

但是,"合一致"仍然是当前学校课程规划方案最薄弱的方面。[1] 总体而言,对于学校课程规划的实践和研究仍然处于起步阶段。和其他方案一样,学校课程规划在实施过程中需要经历课程行为主体的多次转换,从学校领导、中层管理者到学科教师,乃至学生和家长,这个过程存在理解领悟的落差、运作执行的落差和经验成效的落差,动态过程充满不确定性,由此造成课程规划"为编而编""流于形式""难以奏效"等实践困惑。实践研究表明,若要充分发挥学校课程规划的实践效能,需要进一步重视规划的过程属性,努力提升课程规划的"一致性"。

第二节
提升学校课程规划一致性的实践框架

哲学中,"一致性"指一个系统中不蕴含矛盾,是形式系统的重要性质。目前,大部分对于学校课程规划一致性的研究主要限于对规划文本编制结果的评价,认为"合一致"是指规划方案中各个要素之间的一致性和学校课程设置与国家/地方一级课程设置方案中规定的一致性。[2] 毫无疑问,这确实是课程规划"一致性"的重要内涵之一。

但是,学校课程规划不仅是一份保障学校课程有序运作的静态文本,也是一个推动学校课程持续发展的行动过程。无论是研制、实施学校课程规划,还

---

[1] 周文叶,崔允漷,刘丽丽,等.学校课程规划方案质量的实证研究:基于 Z 市初中学校课程规划方案的文本分析[J].全球教育展望,2016(9):53-61.
[2] 同上。

是评价学校课程规划的价值,"过程性"都是极其重要的视角。如果能从系统的、动态的、过程的视角理解并促进课程规划的"一致性",将有助于其实践价值的进一步彰显。[1]

提升学校课程规划一致性,是指为了更好地实现课程目标,在一定条件下对课程规划的编制、实施、评估、完善等运作过程施加影响,促进规划要素、实施环节、主体行为等不同因素之间相互协调、支持配合并形成"合力"。

基于实践研究,建构了提升学校课程规划一致性实践框架(图7-1)。首先,学校课程规划是基于国家课程政策的执行性行为,规划一致性的行动"出发点"是领悟、体现并落实国家课程政策;其次,学校课程规划是基于学校的课程建设领导行为,规划一致性的行动"落脚点"是成为学校课程建设的行动指南,

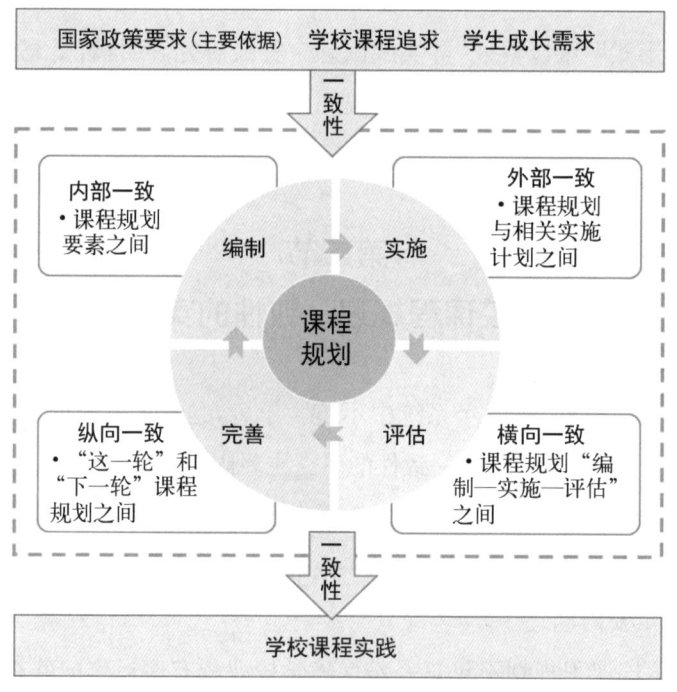

图7-1 提升学校课程规划一致性的实践框架

---

[1] 吴晓玲.论学校课程规划的过程性:基于江苏省义务教育学校课程规划状况的调查[J].教育科学研究,2017(7):65-70.

引领学校各类课程主体专业行为的持续优化;最后,课程规划一致性应体现并贯穿在规划"编制—实施—评估—完善"全过程。

一、课程规划编制的"内部一致"

学校课程是个非常复杂的巨系统,需要对各个方面深思熟虑,极大地考验并体现学校课程领导力。如前文所述,课程规划一般包括课程背景分析、课程目标、课程结构、课程实施、课程评价、课程管理保障六大要素,它们相互联系、相互影响、相互制约。

课程规划编制的"内部一致"具体包括两层含义(图7-2)。

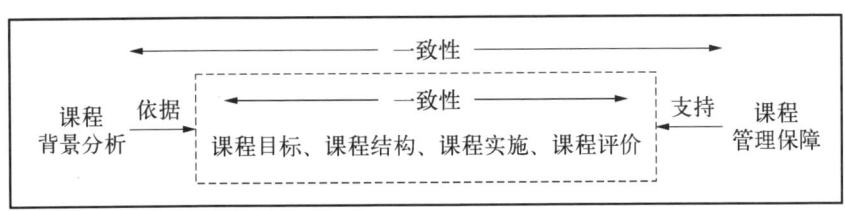

图7-2 课程规划编制"内部一致"示意图

(1)课程目标、课程结构、课程实施、课程评价四个核心要素之间保持一致。以课程目标实现为核心,回答泰勒(R. Tyler)课程原理的四个基本问题,相互支持、协调一致、无矛盾。例如,课程目标提出要进一步提升学生实践能力,那么课程结构组织、实施方式、评价导向都要进行有效调整和衔接,支持目标达成。

(2)规划整体逻辑要保持一致。课程背景分析为学校课程整体设计和持续改进提供依据,课程管理保障为学校课程体系的整体实施提供支持,让规划成为系统、可信、有力的整体,体现思想的建构性、情境的独特性、策略的可行性和成效的期待性。例如,背景分析需要对"为何要进一步提升学生的实践能力"从政策依据、课程评价结果等角度进行说明,给出理由。

二、课程规划实施的"外部一致"

本书第五章已经论及,"规范"和"创新"是课程规划促进学校课程高质量发展的"双轮驱动"。"规范"指向落实国家课程方案,规范学校课程实施,保障课程育人目标实现;"创新"指向国家课改理念导向下基于学校实践情境的创新行动,持续完善学校课程,追求更好地实现课程育人目标。其中,"规范"部分可以直接实施,但"创新"部分在规划中往往只是作总体部署,需要下位、微观层面的计划予以配套实施,保障课程规划的落实。

课程规划实施的"外部一致"是指将规划中的重要课程决策、目标、内容等逐级分解,转化为相关部门、年级组、教研组乃至教师个体的实施计划,形成一个课程目标统摄下的有关联的整体,明确"为何做,做什么,谁来做,什么时候做,怎么做,做成什么样",人人有份,个个有责。唯有如此,学校课程规划才能得到切实推进。例如,上海市风华初级中学在推进学科实践性学习过程中,各层级计划关联如表7-1所示。

表7-1 风华初级中学"推进学科实践性学习"各级计划摘录

学校课程规划	课程管理中心计划	英语教研组计划	英语教师计划
● 依据中共中央、国务院《关于深化教育教学改革 全面提高义务教育质量的意见》文件要求,结合上海市"绿色指标"综合评价学校结果分析,需要进一步加强学生实践能力和创新精神培育 ● 针对学科教学中学生直接学习、主动学习和做中学占比低的现状,着力在基础型课程实施中深入推进学科实践性学习 ……	● 开展文献研究,明确学科实践性学习概念内涵,形成学校基本共识 ● 提炼学校拓展型、探究型"SET SAIL"课程中开展实践性学习的成果和经验,包括实施样态、基本要素等 ● 和主题教研、青年教师教学评优等工作相结合,组织各学科教研组开展学科实践性学习课例研究,积累典型案例,提炼策略和方法,开展分享交流 ……	● 学习课程标准,凝练英语学科实践性学习目标,开展分年级目标细化与分解研究,形成相关报告 ● 在目标引领下,各年级备课组完成一个单元的学科实践性学习设计与实施,形成相关案例 ……	● 在第一单元教学中,组织学生开展家庭树(family tree)的制作与分享活动,依据课程标准,从活动背景、活动目标、活动框架、活动环节、活动评价等要素进行活动设计,开展教学实践,完成案例撰写 ……

三、课程规划评估的"横向一致"

未经省察评估的学校课程规划不值得经历。类似于"教、学、评"一致,学校课程规划评估的"横向一致"是指规划"编制、实施、评估"之间的一致性。如果编制与实施不一致,会导致通常所说的"两张皮"现象,课程规划成为无用的摆设,长此以往,学校课程会面临无序、失范的危险;如果实施与评估不一致,那么评估会失去导向和监测功能,教师执行课程规划的积极性也会因此受挫,课程高质量持续发展将无法得到保证。

评价是一种具有多种变式的活动,不同的课程决策会导致不同的评价方案。[1] 课程规划的评估应该伴随规划运作全过程,包括编制环节对文本的审议评估、实施环节的过程评估和最终的成效评估等,以此形成学校课程规划自我监测、自我评估、自我问责、自我纠正的内控机制,避免执行过程中的制度偏离。

评估的主要目的不在于甄别,而在于证明与改进,还在于促进研讨和共识。执行者只有在对规划的意图和规划实施的具体措施有明确认识和充分了解的前提下,才有可能积极主动地执行规划。因此,课程规划的评估应体现三个基本特征:① 倡导"自我评估",以学校自身为主体,对照评估标准或预期目标开展评估,体现自主、自愿、自定和自行;② 凸显"基于证据的评估",证据用于描述问题、呈现变化、证明结果或引发对话,为可靠的、可信的、重要的课程决策提供支持;③ 在时间、精力等有限的条件之下,课程规划的评估需要聚焦到"少数关键",主要关注对于课程目标达成度的评估,以及对于学校课程改进成效的评估。

四、课程规划完善的"纵向一致"

为了某个目标不断设计与改进,是专业化的基本途径。[2] 每一轮学校课程规

---

[1] 施良方.课程理论:课程的基础、原理与问题[M].北京:教育科学出版社,1996:150.
[2] 顾泠沅,周超.教师专业化的实践与反思:顾泠沅教授专访[J].苏州大学学报(教育科学版),2017(2):86-93.

划运行闭环的完成标志着学校课程的一次迭代与更新,意味着部分问题的解决和更高质量的追求,体现学校课程高质量发展的持续改进的基本特征(图7-3)。

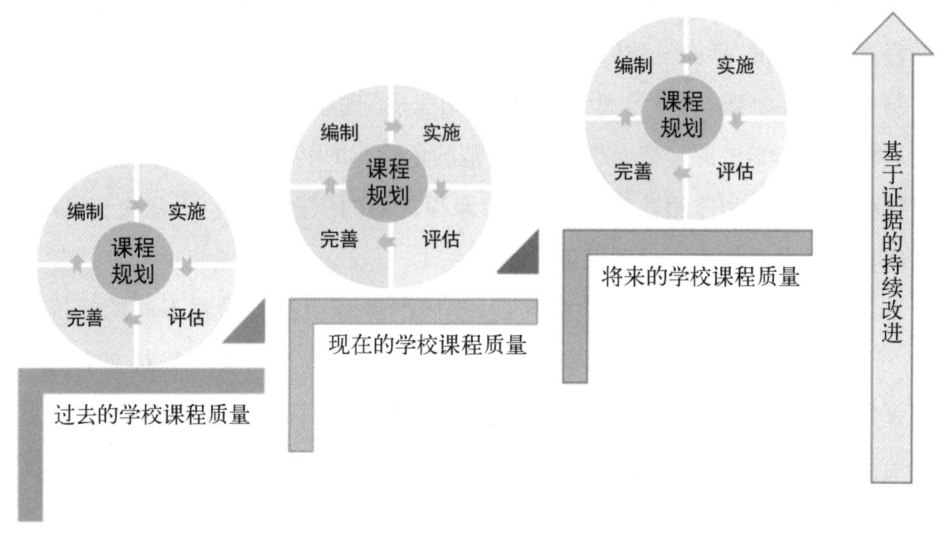

图7-3 学校课程规划促进课程高质量发展示意图

首先,课程规划完善的"纵向一致",要促进上、下两轮课程规划之间"首尾呼应"。提炼上一轮课程规划实施的成果经验,实现制度化,纳入下一轮规划的"规范"部分,积淀课程经验,使其成为学校教师开展类似实践的行动引领;梳理上一轮课程规划实施的遗留问题,纳入下一轮规划的"创新"改进部分,进行持续改进。以上两者成为上下两轮课程规划对接的榫卯,实现无缝对接,积淀课程经验,促进持续改进,追求课程目标实现的最优化。

其次,课程规划完善的"纵向一致",要促进上、下两轮课程规划之间"连贯一致",咬定青山不放松,持续聚焦同一课程关键问题的解决或某一改进发展目标的达成。因为规模再小的课程变革也需要3—5年时间,并需要在变革过程中开展培训和指导。[1] 迭代思维是在实现若干小周期循环改进的基础上实现大的提升,如果没有对锚定问题的持续解决,迭代只是一个时髦的空词。学校课程的复杂性决定了任何微小的课程改变都需要时间的累积,有必要将旨在落

---

[1] 霍尔,霍德.实施变革:模式、原则与困境[M].吴晓玲,译.杭州:浙江教育出版社,2004:7.

实国家课程政策的学校课程规划编制与实施放到前后连贯的目标框架中持续推进,否则难以实现大的突破。

例如,风华初级中学坚持推进学科实践性学习十余年,先后通过提炼"表达表现类、实验探究类、设计制作类、社会参与类"四种实施样态,基本解决"一节课"如何实施实践性学习的问题;通过建构包括"关键能力解释、年级分解目标、单元活动、成果展示、学习评价"五个要素的学科实践性学习活动结构图,基本解决"一门学科"如何实施实践性学习的问题;通过研制支持实践性学习"切入性事件、主导性问题、自主性探究、持续性体验、表现性成果、伴随式评价"六个要素的一般性设计规格,基本解决"每一位教师"如何实施实践性学习的问题。通过一系列的问题解决,如烹小鲜般地促进教与学方式的持续优化,一件接着一件做,一茬接着一茬干,实现学校课程螺旋式进阶发展。

第三节
提升学校课程规划一致性的行动策略

学校课程规划需要被嵌入学校组织运行之中,成为真正在"用"的课程规划。学校课程规划运作过程既是规划付诸实践的过程,也是规划不断接受实践检验和完善的过程。课程规划的实践成效直接反映规划编制的科学性、可行性和有效性。

提升学校课程规划一致性,旨在提升学校课程的设计实施与学校课程育人目标之间的匹配程度。需要指出的是,提升课程规划一致性不是单纯为了控制和优化课程规划运作过程,更重要的是为了促进这个过程中课程主体之间的沟通和分享,形成价值认同,以课程目标作为共识来建构学校课程的集体行动,提升学校课程领导力。

一、提升课程规划一致性审视意识

学校课程规划运作是一个系统的、动态的、不断循环的过程。提升课程规划一致性审视意识,是指让"一致性"犹如一面镜子,在过程中经常有意识地"映照"判断一下,让它成为固定并具有规律性的行动。这样有利于促进课程规划行动中的反思,在课程目标引领下寻找实践中的不足并思考如何改进与提高,从而对课程实践有更深层次的理解,在课程改革背景下实现理念向行为的转移,提升学校课程建设自我效能感。

提升学校课程规划一致性,开始时需要"有意而为之"的刻意练习,然后需要"坚持不懈"的长期行动,最终才能成为"无须提醒的行动自觉",成为学校课程实施的一种行为习惯和心智模式。

二、完善课程规划运行的程序规则

改革的最大障碍可能存在于全体教职员工的"惯性"之中……因为我们有自己信奉的传统和习惯,而且不想改变它。[1] 提升课程规划一致性,要求学校课程进一步从粗放型管控式管理走向精细化专业型领导,通过专业影响的方式,引导学校课程实践方式的优化。从实践框架可见,整个过程每个环节能否实现,除了需要具体布置给哪些部门来完成外,还需要制定完成这项工作的程序与规则,包括提供一系列具有导向性的工具、规范或操作策略,才能做到制度化、常态化、充分化,保证每一个环节能够高质量地完成。

例如,在上海市提升中小学(幼儿园)课程领导力项目研究中,总项目组立足课程规划运作的基本环节和关键步骤提炼学校经验,形成对某个要素、某一环节、某类问题的一般做法,研制"工具箱",包括30多个问题链、流程图、属性表、评价工具等,例如学校课程规划编制背景分析框架(图7-4)、学校

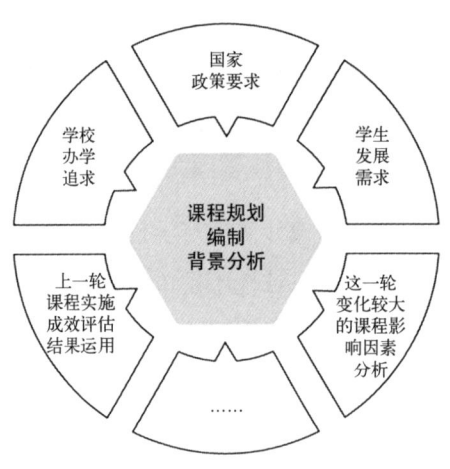

图7-4 学校课程规划编制背景分析框架

---

[1] 奥恩斯坦,汉金斯.课程:基础、原理和问题[M].柯森,译.3版.南京:江苏教育出版社,2002:321.

课程规划解读要点结构(图 7-5)。各类工具体现"合目的、合规范、合一致、可操作"等特点,为行动提供标准引领和技术支持,有效提升学校课程规划实施的规范性、有效性和便捷性。

```
课程规划编制的背景分析
• 说明规划编制的政策依据、必要性和科学性

课程规划中的重要决策和目标
• 以终为始,促进目标理解,引领后续实践

课程规划的变化部分
• 新增的,删除的,调整的……

课程规划重点工作及部门分工
• 明确任务职责,为后续规划分解转化作准备
```

图 7-5　学校课程规划解读要点结构

三、加强区域层面对学校课程规划的专业引领与支持

为了确保学校课程规划的思想性、科学性、规范性和可行性,保证学校制定的课程规划能够有序落实,切实提高学校课程质量,需要加强区域层面的专业引领与支持。教育部颁布的《义务教育课程方案(2022年版)》等文件也都明确要求,市县级教育行政部门和教研部门应指导学校做好课程实施规划。

学校研制、实施课程规划的水平和学校课程建设水平正相关,集中反映以校长为核心的学校课程领导共同体的专业素养。随着课改的持续深化,区域教研应在重视学科教研的基础上进一步关注学校课程整体建设研究,开展学校课程规划和实施情况的调研与专业指导,组织开展常态化教研活动。设立学校课程规划相关专题培训和研究项目,注重提升学校课程领导力。组织开展区域内学校课程规划展示交流活动,发挥优秀经验和成果的示范辐射作用。通过区域性研究,有针对性地解决学校课程规划实践探索中的突出问题,为学校提供有力的引领和支持。

第八章
校本教学视导的设计与实施[①]

课程与教学视导是上海市教委教研室的一项整体性常规工作,从20世纪80年代开始,已坚持30余年,属于市级层面的一种教学视导,在促进上海市中小学课程与教学改革中发挥了重要作用。[1]在近几年提升学校课程领导力的实践过程中,我们发现许多学校也逐渐建立起了类似的校内课程视导机制,并将其作为学校课程评价的重要组成部分,为学校课程高质量发展提供支持和保障。

校本教学视导制度的设计与实施,将指向自我发展的课程评价嵌入学校日常课程教学管理和领导之中,使这一制度成为学校课程与教学质量保障体系的重要组成部分。不同学校的教学视导制度具有共性特征,也具有个性特点。在校本教学视导中,学校集策划者、组织者、实施者、评价者和改进者于一体,学校教师在视导制度运行过程中相互合作,相互影响,促进对课程改革理念形成共识,改进课程教学实践行为,提升学校课程领导力。

[①] 本章内容主要引自笔者发表于《中小学管理》2023年第2期的《校本教学视导:一种指向自我发展的学校课程评价》一文,有改动。

[1] 陆伯鸿.课程与教学调研:基于实证的诊断与改进——上海市基础教育课程与教学调研工作的转型[J].上海课程教学研究,2016(5):3-10.

第一节
校本教学视导的基本内涵

教学视导是由美国课程专家布鲁纳(J. Bruner)提出的,在他看来,教学视导是为了改进学校教育教学工作现状而对教师教学进行的视察、监督与辅导,强调对教学计划与教学实施的检查和指导,以达成教育的理想目标。[1] 教学视导包括对教学的"视"和"导"两个方面。"视"是指全面调查,深入了解,掌握现实状况;"导"是指客观评价,精心指导,提出改进建议。"视"和"导"相结合,"视"是"导"的基础,"导"是目的所在。就本意而言,教学视导所要解决的核心问题在于"如何规范教学活动"和"如何提升教育质量",其模式在改革实践中日益丰富,出现了临床视导、发展性视导和区别化视导等多种模式。

教学视导也是教育督导的一项重要内容。以往,教学视导通常由教育督导部门、行政管理部门或教学研究部门组织发起,依据相关课程政策和教学准则,针对学校课程实施、课堂教学、教学常规管理、教研活动等工作,履行研究、管理、指导、服务等职能。因此,教学视导常常被认为是一项由学校外部力量推动的工作,学校往往是被视导的对象。

校本教学视导,顾名思义,是以校为本的教学视导,是由学校组织并开展的教育教学视导。校本教学视导的主体是学校,客体也是学校。校本教学视导的产生,一方面,可以看作教育督导重心的下移;另一方面,也可以看作学校内部改革、管理制度与机制创新的产物。

和传统意义上的教学视导不同,校本教学视导体现"基于学校""在学校中""为了学校"等学校本位的基本特征:① 校本教学视导并不是由外部推动,而是学校主动为之,动力来自学校自身,属于学校的自我决定;② 在校本教学视导中,学校既是视导者,也是被视导者,集策划者、组织者、实施者、评价者和改进者于一身,是教学视导的主要主体;③ 校本教学视导扎根于学校课程之中,以学

---

[1] 胡仁东.有效教学视导初探[J].中国人民大学教育学刊,2014(1):98-111.

校自身的课程行为作为"视"的对象进行观察、分析和研究;④ 校本教学视导的根本目的是提升学校自身的课程实施水平,通过视导了解现状、甄别问题、作出判断并改进完善,确保更好地实现课程育人目标。因此,在校本教学视导中,学校少了一点"被视导"的紧张和压力,多了一份"我的视导我做主"的自信和自主。

第二节
校本教学视导的要素特征

综观不同学校教学视导的过程与方式,表现为"各家有各家的高招",都是基于学校实际的"个别化理论",属于学校独特的、具体的、不可复制的复杂经验。在一定程度上,只有深入这所学校具体的实践场景,才能真正领悟其校内教学视导的精妙设计与独到之处。有研究指出,构成教学视导的要素包括教学视导理念、视导制度、视导程序和视导方法[1],围绕这些要素对校本教学视导进行特征分析。

一、视导理念:从"行政管理"走向"专业领导"

理念决定主体的行为方式,是人们在活动中所坚守的精神、思想和思维方式。不可否认,校本教学视导在一定程度上体现了"行政管理"的价值取向,将教学视导作为学校教学管理的一种手段,关注"如何规范教学活动",着重对教学工作进行检查、评估和反馈。这种价值取向,在教学视导机制建立之初,或者在教学基础比较薄弱的学校,表现得更为突出。根据控制论原理,没有监督反馈的系统是不完整的、非高效能的系统。学校作为一个组织,这样的教学视导毫无疑问在一定程度上也是必要的。

随着视导机制的日益稳定和教学常规的日趋完善,校本教学视导进一步从"行政管理"走向"专业领导",学校将视导作为推进教学改革的一种方式,关注

---

[1] 胡仁东.有效教学视导初探[J].中国人民大学教育学刊,2014(1):98-111.

"如何将改革理念付诸实践",引入更多研究的意蕴,强化研讨和分享,旨在通过专业影响力促进学校教学的持续优化。最常见的做法是,视导主题紧扣学校急切需要解决的问题,或者是学校期盼能够在实践中落实的理念,视导过程中的听课、教研等活动都围绕主题开展,教学视导的价值追求由"检查、监督和问责"转向"调查、研究与改进"。

例如,上海市闵行区莘松中学(以下简称"莘松中学")自2009年起建立了校本教学视导制度,先后经历"规范性""专题式""研究型"三个发展阶段。在"规范性"视导阶段,学校注重督促教师的教学行为,依据教学"五环节"设计了"五个一"的视导工作基本内容,包括"听"每位教师一堂课,"看"每个备课组一次教研活动,"查"每位教师备课及作业情况,"开"一次学生座谈会,"做"一次学生问卷调查。"五个一"成为莘松中学校内视导的规定动作,保留至今。在近几年的教学视导中,学校进一步关注教学改革的有效推进,围绕"如何上好初三练习讲评课""如何优化学科阅读教学"等主题开展了专题式、研究型视导。

二、视导制度:从"特事特办"走向"定期常规"

任何行动方式能否持续运行并产生效益,要看是否有一定的制度保障。通过定期开展这一行动,使其成为可预期的常规,才能逐步内化为教师主动的自觉行为。"头痛医头,脚痛医脚""特事特办"的行动方式在短时间内或许会有些成效,但要成为一种管理思想并不断产生影响是非常困难的。对于一个组织而言,尤其是涉及"评价"的行为,更应通过制度引导而使之成为"习惯"。

纵观实践,在莘松中学、上海外国语大学嘉定外国语学校(以下简称"上外嘉外学校")、上海市蒙山中学(以下简称"蒙山中学")等学校,校本教学视导都体现了如下一些特点:在学校运行有超过10年的历史,纳入学校常规工作之中,成为学校核心制度;校长是第一责任人,积极推进并参与其中;每学期集中视导1—2个年级组或2—4个教研组,滚动推进,达到一定的覆盖面;保证学校教师每年都有一次"视导他人"或"被视导"的经历,成为一种"定期常规"。

三、视导程序：从"零敲碎打"走向"系统设计"

根据笔者观察，大多数学校的教学视导持续时间大约为一个月，集中视导的时间为期一周。大家认为，时间过长会影响正常教学。教学视导要求在有限的时间内实现有限的视导目标，因此，建立一定的程序有利于提升教学视导的科学性和有效性。经过多年实践探索，上述学校基本形成了系统性的校本教学视导流程设计，可以分为视导前、视导中、视导后三个阶段，具体如图8-1所示。

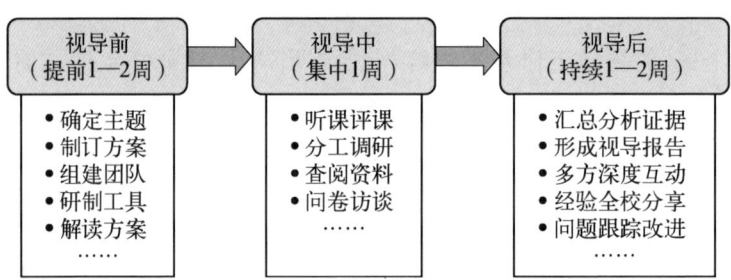

图8-1 校本教学视导基本流程

视导前，需要在对现状初步把握的基础上，确定视导主题，制订视导方案。方案制订一般由学校教导处、科研部等职能部门具体负责。从实践来看，校本教学视导的组织重心呈逐步下移趋势，有的学校让被视导的年级组或教研组自行设计视导方案，凸显被视导者的主体地位，使视导进一步成为"借助他人力量，完善自身实践"的发展契机。方案研制完成后，需要对全体教师进行方案解读，明确时间节点，落实各项任务。

视导中，大规模的听课评课是学校开展教学视导的"必选项目"，如有校长说"每次视导我要听三四十节课，一般老师也要听课十节以上"。校本教学视导让"学校教室相互开放"，日本学者佐藤学在其《静悄悄的革命》一书中认为，这是学校改变的第一步。[1] 除了听课评课，教学视导的内容还覆盖备课、作业、辅导、考试与命题等教学基本环节。

视导后，首先是"视导者"汇总信息，得出初步结论，撰写视导报告。然后，

---

[1] 佐藤学.静悄悄的革命[M].李季湄,译.北京：教育科学出版社,2014：52-56.

由"视导者"与"被视导者"进行深度互动,协商完善结论,给"被视导者"申辩的机会,以减少分歧,促进共识。最后,对于视导中收获的经验和成果进行充分共享,对于发现的问题和不足进行分析并寻找改进对策。如有必要,后续还要对改进行为和成效进行追踪,直至问题得到有效解决。

四、视导方法:从"基于经验"走向"基于证据"

开展校本教学视导,首先要对学校的教学现状作出判断,而判断需要"基于证据"。教育中的证据和循证医学中的证据有所不同,除了可量化的"硬证据",还包括质性的、经验形态的"软证据"。[1]一些学校在教学视导中通过研制观察单、评价表、访谈提纲等各类工具,围绕视导主题,从目标、条件、过程、效果等维度多元化收集证据,力求多角度互证,使判断更接近事实。例如:蒙山中学研制了作业视导记录分析工具——书面作业视导记录分析表(表8-1);上外嘉外学校更是从教学目标、教师教学、学生学习、练习设计、资源使用等五个维度设计了不同的观课工具,进行分工协作式课堂观察。

表8-1 蒙山中学书面作业视导记录分析表

年级		学科		份数		抽样方法	
	观察点/程度 (1→5:程度由低到高)					举例/说明	
作业设计	内容:与教学目标一致,与学生基础匹配						
	表述:题干表述准确,完成要求清晰						
	结构:单元内容覆盖面广,题型多样,难度分布合理						
	数量:估计作业用时适当						
作业批阅	批改:符号规范,批阅准确、及时						
	批语:有针对不同对象的指导和要求						

---

[1] 顾泠沅.回望与期盼[J].上海教育科研,2018(2):1.

工具是一种支架,是为完成某项任务或达成某方面目标而使用的一种辅助手段。实践中发现,教学视导中工具的研制和运用具有多重价值:① 工具蕴含"研究",工具研制的过程本身是一个对实践进行结构分析、要素把握的研究过程,是寻找最佳证据的开始;② 工具蕴含"规范",通过工具发布和运用告知各方学校的追求和所期待的规范,促进价值认同和自我完善;③ 工具蕴含"路径",可以引导各方围绕关键要素,聚焦观察视角,逐步开展视导;④ 工具蕴含"支持",可以提升资料、信息、证据收集的匹配性和相关度,为后续讨论反思提供有说服力的事实依据。

第三节
校本教学视导的实践成效

对所观察学校校长和教师的访谈表明,大家普遍认为校本教学视导是学校课程与教学质量保障体系的重要组成,是学校实现课程高质量发展的"秘密武器"。例如,莘松中学在近十年中,学校规模不断扩大,但教育教学质量始终稳定、优质,学校认为校内教学视导机制发挥了重要作用。从整体来看,校本教学视导的实践成效主要体现在以下三个方面。

一、指向自我发展,提升学校课程教学改革的效能感

学校为何要进行自我评估?在学校课程改革中,由于变革的组织者未能定期评估变革实施的状况,导致大家不再去关注变革,这是经常发生的事实。只有对学校的课程实践作适当且及时的评估和督导,才能保证课程改革向着预期的方向发展。

校本教学视导,其实质是一种指向自我发展的课程评价,是学校为改进自身课堂教学,运用专业技术和方法对教师教学、学生学习等具体实践开展的评估。学校在评价过程中不断回答三个问题:我们课堂教学的发展目标是什么?我们现在做得怎么样?下一步我们需要做怎样的改进?以此激发学校在课程实践中的主体性,走出一条属于自己的发展道路。校本教学视导将课程评价和日常教学、管理结合起来,成为一个周期性循环运作的动态过程,通过不断研

判、反思、校正与改进,提升学校课程教学改革的敏感度和效能感。

二、立足研究改进,培育"批评与自我批评"的课程文化

学校自我评估为何难以开展?"评价"有时是一把双刃剑,处理不当容易挫伤教师参与课改实践的主动性和积极性,课程评价在学校运行过程中往往容易被"避而不谈"。此外,由于教师是"爱面子"的知识分子职业群体,评价者和被评价者又是"低头不见抬头见"的同事关系,校内课程评价也容易沦为"你好我好大家好"的形式主义,丧失其应有的价值和功能。

基于对学校实践的观察,笔者发现,校本教学视导培育了学校"批评与自我批评"的课程文化,让课程评价在学校得以有效开展,促进了课程民主。有校长说"教学视导就是要'红红脸,出出汗'的",面对"批评",教师们表现出极高的接受度。究其原因可能有以下几点。

(1)与"定期常规"有关。当一种行为重复多次之后,人们会理所当然地认为遇到这种情况就该这么做,正如教师们所言,"我们学校一贯如此"。

(2)与"基于证据"有关。最新鲜的证据能引发最充分的讨论。校本教学视导将"批评"置于具体教学情境之中,提高了"批评"的信度和效度,激发了"被批评者"改进的动机和愿望。正如教师们所言,"我们对事不对人"。

(3)与"指向自我发展"有关。校本教学视导的主要目的不是甄别和监督,而是研究和改进,能够唤醒并满足教师的专业发展需求,因而容易为教师所接受。正如教师们所言,"这是为了我好呀"。

三、依托自我评估,有效推动学校课程高质量发展

学校自我评估的核心是发现问题、分析问题和解决问题。已有研究表明,越是自我评估开展得好的学校,教职员工的积极性和主动性越强,其组织管理越规范,效能也就越高。[1] 校本教学视导的实践成效也佐证了相同的结论,学

---

[1] 乐毅,朱雪雯.学校自我评估:一个备受关注的研究领域[J].教育发展研究,2004(6):66-68.

校自我评估在课程高质量发展中发挥着重要作用。

任何一所学校的课程高质量发展都不可能一蹴而就,而是一个持续改进的过程。理性的课程发展必须以科学的评估为基础。学校课程高质量发展的艰巨性和复杂性决定了对学校课程发展的条件、过程和结果进行系统评估的重要性。[1]校本教学视导强化了学校对于"课堂"这一课程实施主阵地的关注和研究,建构起"实践—评估—改进"的行动闭环,在所有教师共同参与和彼此互信中寻找自身问题的解决之策,从而推动学校课程高质量发展,切实提升学校课程领导力。

---

[1] 褚宏启.基于学校改进的学校自我评估[J].教育发展研究,2009(24):41-47.

第九章
综合教研制度的建构与创新

教研制度是中国特色教学研究制度的重要组成部分。[1]以校为本的教研制度建设,自2002年在我国正式提出以来[2],蓬勃发展20余年,对提高学校教育教学质量和促进教师专业发展发挥了重要作用。最新颁布的《义务教育课程方案(2022年版)》也明确提出,学校应定期开展校本教研,强化教研、科研的专业支持。[3]以往学校中的校本教研基本以学科教研为主,随着基础教育课程改革的持续推进,综合教研正逐渐在中小学校中悄然兴起,发挥越来越重要的作用。

综合教研是相对于学科教研而言的,教研主体及教研内容都超越了学科的边界和范畴,服务更广泛的学校课程建设与发展,促进学校课程主体间更充分地信任与合作,让学校向课程领导共同体迈进。综合教研制度是学校针对综合教研特点,为支持综合教研有效开展而建立的规范体系,包括相关的组织结构、管理体系与运行方式等。综合教研制度在学校不是一蹴而就建立起来的,而是在实践中积累、完善、逐步形成,最后成为学校课程文化的一部分。

---

[1] 梁威,卢立涛,黄冬芳.中国特色基础教育教学研究制度的发展[J].教育研究.2010(12):77-82.
[2] 刘良华,谢雅婷.校本教研在中国的演进[J].全球教育展望,2021(11):3-14.
[3] 中华人民共和国教育部.义务教育课程方案(2022年版)[S].北京:北京师范大学出版社,2022:15.

第一节
综合教研的价值意义

课程改革是一个系统工程,一般需要规划与设计、推广与实施、支持与指导三大子系统的支持。缺少任何一个子系统,课程改革都会举步维艰。我国教研制度就是课程改革支持与指导系统的中坚力量。[1]教研对于提高学校教育教学质量和促进教师专业发展的作用已被广泛证明,当上海基础教育在国际PISA测试中连续摘冠之后,国内外教育专家研究认为,教研工作和教育质量之间存在必然联系。上海学生在PISA测试中表现优异,得益于中国教研制度的存在和支持,这是一个非常重要的原因。[2]

长期以来,学校中的校本教研常常以教研组、备课组为基本组织单位,教研参与主体以同学科教师为主,教研内容也基本囿于学科教学研究范畴。进入21世纪以来,持续深入的课程教学改革对学校教研提出了新的需求和挑战。当学校课程意识不断提升,学校工作从"以教学为中心"迈向"以课程为中心",必然导致校本教研内涵的拓展与丰富。实践中发现,课程领导力强的学校几乎有一个共同的特征:超越学科范畴的综合教研被广泛重视并成为学校常规的一部分,弥漫在校园之中,进而触发学校组织、制度和文化的变革与更新。

一、服务学生"综合学习"的需要

面对知识经济带来的时代挑战,课程育人目标从"三维目标"迈向"核心素养",强化综合性和实践性的课程改革不断向纵深推进。进入21世纪以来,基础教育学校课程不仅在课程结构中设置跨学科综合课程,而且倡导学科学习与学生生活等深度融合,以增进学校课程的整合性实施,促进学生综合学习。时至今日,培育学生的核心素养已经成为新一轮课程改革的基本理念和价值追

---

[1] 崔允漷.中小学教研制度:不容忽视,不可替代[J].基础教育论坛,2014(35):45-46.
[2] 程介明.上海的PISA测试全球第一到底说明了什么[J].探索与争鸣,2014(1):74-77.

求,提升课程综合化和实践性在新修订的课程方案中被提升至前所未有的高度予以重视,《义务教育课程方案(2022年版)》明确提出:"原则上,各门课程用不少于10%的课时设计跨学科主题学习。"[1]

无论是综合课程的实施,还是跨学科主题学习的推进,都对学科教学、教师专业素养、学校课程规划等各个方面提出了新的要求,促使教师教学超越本学科,关联其他学科,势必需要得到跨学科综合教研机制的支持和引领。

二、支持学校"课程发展"的需要

就如本书前几章论及的那样,随着国家、地方、学校三级课程管理制度的实施,学校在课程发展中的角色进一步由被动的执行者转变为主动的创造者,学校课程建设的内涵从"聚焦课堂教学实施"走向"涵盖课程整体运作",包括课程决策、课程规划、课程实施、课程评价、课程资源、课程保障等各个环节,以促进学校课程目标的有效实现。学校课程建设内涵的丰富必然导致教研范畴的拓展,引发教研制度的调整或重建,以弥补学校课程制度建设中的空白和缺位。

课程改革背景下,有学者提出教研的内涵和职能在不断发生变迁,从"教学研究"到"教育教学研究"再到"课程教学研究"逐步演变(图9-1)。[2] 实践中,也能明显感受到这种变迁的发生及其必然性。上海市提升中小学课程领导力行动研究的大力推进,在一定程度上促进了市、区、校三级对于综合教研的重视和实践,学科教研与综合教研成为上海教研的"一体两翼",相辅相成,支持学校课程高质量发展。

三、解决课改"抗解难题"的需要

课程改革的复杂性使学校课程分布式领导成为必然趋势,充分汲取集体的智慧与力量,才能使学校课程目标得以实现。课程改革中的难题大多是"抗解

---

[1] 中华人民共和国教育部.义务教育课程方案(2022年版)[S].北京:北京师范大学出版社,2022:11.
[2] 漆涛,胡惠闵.基础教育教研职能变迁70年的回顾与反思:兼论教学研究的概念演化[J].课程·教材·教法,2019(9):79-87.

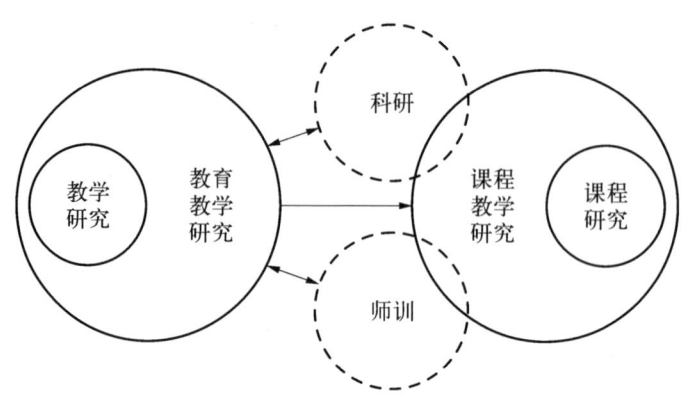

图 9-1 教研概念的演变

问题"(wicked problem)。抗解问题又称为混沌问题,有研究者认为领导力的提出就是为了解决这类问题。[1]抗解问题是公共管理和政策研究领域的一个热门话题,这类问题具有一些共性特征:问题呈现没有确定的形式;每个问题在根本上都是独一无二的;无法清晰列举潜在的所有解决方案;解决方案只分好坏,难辨对错;解决方案无法直接或最终检验;等等。抗解问题产生的根本原因是相关人员在价值、观念和利益上的差异。[2]根据日常感知可以判断,课程改革中的大多数难题符合抗解问题的基本特征,主要表现为复杂性、多样性和不确定性。

已有研究表明,合作运转良好的组织能够促进抗解问题的有效应对。[3]因为广泛合作有利于提高对问题本质的认识和潜在因果关系的揭示,有利于寻找到问题的解决方案并达成共识,有利于通过主体间共同付出、协调行为和相互妥协来促进问题解决方案的实施。应该说,学校课程历经长期改革,在国家、地方和学校共同努力之下,大多数易解问题已经被顺利解决,留待进一步解决的都是"难啃"的抗解问题,需要促进更广泛的课程合作以应对课程课改的复杂性挑战。

---

[1] 格林特.领导力[M].马睿,译.南京:译林出版社,2018:16-22.
[2] 吴淼,邵欣.国外公共管理抗解问题研究综述[J].国外社会科学,2016(6):113-123.
[3] 同上。

第二节
综合教研的制度创建

综合教研和学校中其他专业活动一样,需要人员、时间、空间、经费等相关资源的投入和支持,这些都需要得到组织结构、管理体系与运行方式等制度方面的保障与维护。综合教研制度的设计主要不是为了约束和规范教师的行为,而是为了激发教师的专业需求和专业热情,引发学校内更多的专业合作及专业交流,为教师开展跨学科、跨部门、跨领域的课程教学研究提供支持与服务。

综合教研的制度建构,根据"如无必要,勿增实体""简单有效"的原理,应当尽量从原有制度出发进行调整和完善,而不是另外单独建立一个制度体系。学校综合教研归属于学校校本教研,是以校为本的教学研究的重要组成,学校原有的教研制度都可以用来支持综合教研。

但是,相对于学科教研,综合教研毕竟属于学校校本教研中的新生事物,具有自身的一些特点:① 教研主体的综合性,教研参与人员来自各个学科、各个部门,需要更多跨界机制的融合支持;② 教研内容的综合性,教研内容超越了学科逻辑体系,更侧重校本课程开发、跨学科教学、学校课程运作、课程与教学共性问题等研究。因此,在一定程度上,综合教研比学科教研更需要得到制度的支持和保障,而且它有可能与学校原有制度相冲突,需要学校及时调研、梳理已有制度并进行必要的重构与完善。实践中,主要有如下一些具体做法和经验。

一、优化学校课程管理组织的架构和职能,为综合教研"奠基"

学校管理组织架构应该服务于课程教学实践的需要,在充满变革的时代,学校需要对原有管理组织架构进行充分调查和研究,依据课程改革的发展需要对组织架构进行相应的调整和重构,让综合教研从学校工作的"边缘"逐渐走向"中心"。

1. 完善学校课程管理组织的架构

优化或重组学校管理组织架构,这属于综合教研制度创建的"大动作"。

例如，有的学校为了促进教研与科研的有效统一，将原有的"教导处"和"科研室"合并，重组为学校"课程发展研究部"。一方面，力图改变由于组织架构的分离而导致教研与科研脱节的局面，让教研与科研良性互动、相互促进；另一方面，加强学校层面对课程、教学和科研工作的统筹整合、系统设计与有机融合，将学校课程发展进一步推到学校工作的中心，为学校综合教研提供根本性、系统性的支持与保障。

再如，目前许多学校管理组织架构逐渐从"金字塔结构"向"扁平化结构"转变，追求管理重心的下移，从由上到下的单向度领导转变为课程主体多向参与的分布式领导，通过多维沟通和广泛授权，激发教师的工作热情和责任感，为教师之间更广泛的合作研究奠定组织基础。

2. 拓宽学校课程管理组织的职能

拓宽学校课程管理组织的职能，就是在不改变组织结构的前提下，通过"加一加""合一合"等途径，服务综合教研的开展。例如，有的学校在教研组系列里，增设了综合教研组、跨学科教研组，享受与学科教研组同等待遇，打破教研组仅在学科内设立的惯例，倡导多维合作共赢、多元开放共享的教研组建设理念，促进教研实现跨学科合作。

再如，除了教研组外，年级组也是学校中最基本的教师组织，但它的性质与教研组迥然不同，通常作为一个行政组织存在，专业作用发挥有限。其实，在年级组内开展综合教研具有独特的天然优势：一是年级组教师教育教学工作面对的是同一学生群体，在今天从"关注教师教"到更加"关注学生学"、指向学生核心素养培育的课程教学改革中，有着不可替代的研究优势；二是目前学校办公室大多以年级组为单位集聚，年级组教师随时随地开展交流合作更为便捷。因此，在年级组内开展跨学科综合教研有着"天时、地利、人和"的优势。实践中，上海市清华中学、上海市彭浦第四中学等学校围绕"因材施教""学生个性化学习"等主题在年级组内开展综合教研，收效良好。

二、更新学校课程运作的流程与机制，把综合教研"嵌入"

综合教研作为一个新生事物，许多学校为了显示重视，经常采用"特事特办"的方式,通过特别的制度来支持它。其实,依据制度理论,就一个组织而言,越是常规的活动越具有生命力。因此,应该尽量把综合教研"嵌入"学校常规性课程运作机制与流程之中,让它与常规活动或制度密切地结合起来,这样的新制度或新实践才是最稳定的。

事实上,在课程改革背景下,学校对于课程的管理和领导已经不再是事务性工作,而是体现行动研究特征的综合研究过程。学校课程运作流程和机制包括课程决策、课程规划、课程实施、课程评价、课程资源、课程保障等各个环节,以及各环节的有机联动和动态发展。如果把学校开设的一门门课程比作电脑桌面上的一个个应用程序,学校课程运作流程和机制就是电脑上安装的操作系统,这个操作系统需要定期评估、检视和完善,才能让整个系统安全、稳定而有效。事实证明,这是一个比较艰难的过程。因为基于传统,大多数学校习惯将这个过程作为事务性工作处理,缺少研究的视角,这也在一定程度上造成学校课程长期在某个水平上徘徊,无法循序渐进地提升。

把综合教研"嵌入"学校课程运作流程与机制,有助于学校摆脱课程"事务型管理"的角色定位,可以像"课程专家"那样思考、解决学校课程问题,更加适应当下的课改要求。例如,学校常常有特色育人的目标追求,需要校本课程来支撑实现,那么,如何促进教师开设的校本课程与学校育人目标之间能够契合与对接?学校可以在课程常规制度中设置课程审议环节,每学年一到两次,采用"说课程"方式来开展,具体如表9-1所示。"说课程"本质上是一个综合教研的过程,校长、教师、学生各方在这个过程中充分分享与沟通,共同审视目前的课程是否与学校课程追求相一致,经过一轮又一轮的审议,促进学校课程结构与课程目标趋向一致。

表9-1 "说课程"校本课程审议的基本流程

环节	重点指向
第一步:校长"说课程"	着重说明"我们想要开设怎样的校本课程",诠释学校课程愿景,明确学校课程目标和育人追求,表达学校课程发展期待

续 表

环节	重点指向
第二步：教师"说课程"	着重说明"我申报的校本课程是符合学校要求和期待的"，陈述自己申报的校本课程能够支持学校课程目标达成的证据和理由
第三步：课程集体审议	由校长、教师代表、社区代表、学生代表、课程专家等组成课程审议小组，从各自角度，运用一定的工具，进行课程审议，判断"这门校本课程能否支持学校课程目标实现，是否符合学校课程价值追求"
第四步：运用"KISS"分析法进行结果处理	K——keep，表示这门校本课程能支持学校课程目标实现，建议保持开设 I——improve，表示这门校本课程能支持学校课程目标实现，但有待完善 S——stop，表示这门校本课程不能支持学校课程目标实现，或者与其他课程重复度高，建议停止开设 S——start，表示学校有些课程目标存在"落空"，没有相关课程支持其实现，需要研发新的校本课程

三、支持非行政组织的创设和非正式研修，使综合教研"合法"

非行政性组织和非正式研修是对行政组织、正式研修的有益补充，通过灵活性组织、多样态形式，让教师能够有更多开展综合教研、相互合作、共同发展、相互影响的机会，提升学校组织活力。"非正式"是指这种样态往往是临时性的，常常随任务或事件结束而解散；让它"合法"，是指学校鼓励、允许这种样态存在，并给予支持和保障。

1. 创设非行政性组织

"项目制"是目前学校运用最多的一种综合研究机制。项目组是一个非行政性组织，为了完成共同的任务而组合起来，项目一旦结束，项目组就自然解散，具有很强的灵活性。项目制的运行方式大体分为两种类型，一类是"自上而下"的招投标制，另一类是"自下而上"的自主申报制。招投标制类，常常是学校基于课程改革需要解决的重点问题，或者是向教师征集得到的一些共性问题，由学校发布若干项目，教师可以根据自己的兴趣和意愿自主竞标，一旦中标，同一个项目的教师就成为一个临时性非正式组织。自主申报制类，就是由具有共同研究兴趣和方向的教师向学校提出申请而成立项目组。这两类项目组一旦得到学校认可，就可以在学校"合法"存在，学校提供研究时间、研究空间、研究资源等方面的支持和保障。通过项目制，可以把更多拥有相同研究志向的教师聚集起来，因为他们本来就有相同的专业价值取向，所以更容易相互合作，发挥各自的课程领导力。

值得注意的是，项目制运行要克服随意性，例如坚持在每学期开学初定期进行新一轮项目的启动和发布，因为形成常态才能实现制度化。所谓制度，其实质是一种模式化的行为，一套行为模式需要稳定出现，可预期地重复，才能在组织中建立起一种新的制度。

2. 鼓励非正式研修

霍尔（G. Hall）和霍德（S. Hord）在对学校课程变革过程开展的研究中，将影响改革过程的各种行动和事件都称为"干预"，短期培训、校本教研都属于被经常使用的干预方式。他们提出，干预的规模有大小之分，有趣的是，最重要的干预往往是那些规模小、被大多数领导忘记自己曾经采取过的干预措施。变革获得成功，往往是大量这种小规模的干预发挥了决定性的作用。小型干预行动中有一种典型的方式："单腿"访谈（one-legged interview），也就是在一个人能单腿站立的时间内的谈话，相当于教师间在一次课间休息五六分钟的时间内有关课程改革的谈话。事实证明，那些"单腿"访谈越多的学校，教师参与变革越充分、越成功。[1]

例如，静教院附校鼓励教师在校园中自主结对开展教育教学研讨活动，将其称为"小众型"对话研修，作为教师在职研修的一种方式予以提倡和鼓励。与教研组研修相比较，"小众型"对话研修具有一些典型特征，两者的对比分析如

---

[1] 霍尔,霍德.实施变革：模式、原则与困境[M].吴晓玲,译.杭州：浙江教育出版社,2004：11-13.

表9-2所示。在"小众型"对话研修中,教师们研讨的话题自主确定,研讨的时间自主协商,研讨的人员自由组合,研讨的形式自主选择,研讨的结果自行呈现,这样更能满足教师个性化的专业发展需求,促进教师更广泛的合作交流。

表9-2 "小众型"对话研修与教研组研修的对比分析

研修类型	"小众型"对话研修	教研组研修
参加人员	本学科或者跨学科2—5名教师	本教研组全体教师
组织方式	自由组合	统一安排
时间地点	时时、处处	固定时间、固定地点
动力来源	问题驱动	执行计划
研修内容	实践中现场产生的学科或跨学科问题自行确定	预先计划确定的学科问题统一设计

第三节
综合教研的深度实施

综合教研,作为校本教研的重要组成,同样体现校本教研"自我反思""同伴互助""专业引领"三个核心要素。综合教研的主要目的不在于发展和检验理论,而在于解决课程实践中的具体问题,获得能够直接应用于当下情境的经验和知识,在改进实践的过程中提升参与教师的专业能力。同学科教研相比,综合教研容易"宽度有余,深度不足"。因此,实践中应该关注并强化综合教研实施的深度。走向深度的综合教研,强调参与者充分发挥主体性和能动性,聚焦问题开展行动研究,基于证据促进共识,进而卓有成效地解决课程教学跨学科的综合性问题。

一、聚焦小问题开展行动研究

如果说,综合教研与学科教研相比,最主要的区别在于其跨学科的综合特征,那么,综合教研与学校科研课题的研究相比,最大的区别主要体现在两个方面:一是聚焦小问题,二是主要采用行动研究。

1. 聚焦小问题

综合教研研究的问题一般切口比科研课题要小,研究周期短,大多为一个学期,少数要一学年。如果遇到确实需要长周期完成的问题,可以将其拆分成相关的几个小问题来研究。

聚焦小问题的研究比较符合一线教师的工作实际。研究难度较低,教师不容易受挫;研究所需时间少,毕竟教师的大部分精力需要投入课堂教学;更重要的是,小问题的解决成效反馈快,容易提升教师参与教研的获得感,激发研究兴趣和信心。例如,上海市黄浦学校(以下简称"黄浦学校")围绕各门学科如何提升学生表达能力开展综合教研,内容包括英语的句群写作研究、数学证明题学生表达能力提升研究等(表9-3)。

表9-3 黄浦学校"提升学生表达能力"综合教研内容及成果

学科	研究内容	形成的策略
语文	记叙文写作	"图文并茂"写作支架
英语	句群写作	三步"画"句群
数学	证明题表达	建构几何"五环"
物理	简答题表达	答题关键"三环节"

2. 采用行动研究

(1) 综合教研常常采用行动研究的方法

行动研究作为一种解决问题的方法,其操作程序通常为"计划—行动—观察—反思—再计划……"通过这一螺旋式循环的过程,在研究过程中不断反思、改进教育实践,达到解决实际问题的目的。

(2) 综合教研体现行动研究的特征

一是教师合作性参与,是基于教师个体反思的合作性研究;二是改进课程实践,在课程实践中解决问题;三是体现"系统"和"持续",直至问题得到一定程度的解决；四是研究过程和研究成果的公开性，融入学校各项工作，交流共享，同样也接受批评和质疑，以利于更好地改进。

(3) 教师常常把自己的"行动"拿出来研究

教师聚焦问题解决，把自己觉得有效的"行动"贡献出来，论证其之所以有效的原因，众筹智慧，把多位教师的有效方法整合起来，形成更完整的集体解决方案，最后以"产品"的形式推广运用，让个体经验转化成为集体智慧。如表9-3所示，黄浦学校在各门学科开展关于如何提升学生表达能力的跨学科综合教研中，最后形成的"三步'画'句群""建构几何'五环'"等都是解决问题的具体策略群。

二、基于证据促进共识达成

每一次教研需要达成一定的共识，才能使研修持续深化。综合教研因参与教师的综合性和教研内容的综合性，教研过程中较难达成共识。有时教研现场看似观点纷呈、热烈非凡，但实则是每个人都在各言其说，难以聚焦观点和引发高质量的讨论。可以通过强化证据来解决这一问题，基于证据促进共识达成。

1. 建立循证流程

问题解决导向的综合教研需要遵循一定的方法论原则，循证研究是其中之一。综合教研过程中的证据主要来自课程教学实践现场，强调对证据本身的直接应用，建立循证流程能够促进证据之间的关联与对比，提升证据信度。

例如，静教院附校认为校本研修如果只有思辨性研究是远远不够的，需要寻找证据的支持，探索建构了"循环实证"研究路径(图9-2)。[1] 证据的支持可以是量化的，更多是质性的，"循环实证"研究路径可以结合问卷、访谈、文本分析等方法综合运用。

---

[1] 张人利.后"茶馆式"教学[M].上海：上海教育出版社,2014：70.

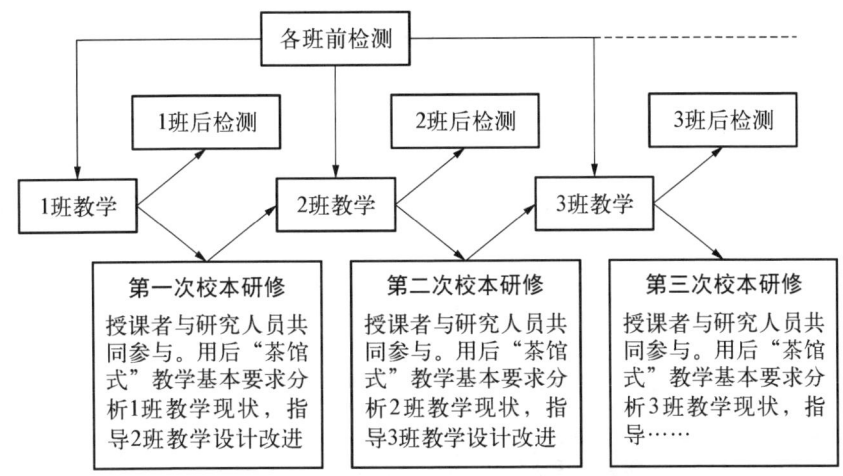

图9-2 静教院附校"循环实证"研究路径

2. 研发循证工具

教研工具的研发和应用是助力教研活动走向深入的重要环节,为教研活动的设计、实施、参与和改进提供操作的"脚手架"。[1] 综合教研中,可以通过开发和利用工具来建构研究支架,应用工具来收集各类数据和证据,为改进实践提供实证支撑,让解决问题的过程更有指向性和针对性。

例如,蒙山中学"工具"支持下的教研活动运行模式如图9-3所示。教研工具的设计和使用,一方面有助于促进教研活动设计、实施的精细化和规范化,另一方面可以强化教研过程中的证据意识,让"证据"贯穿教研始终,基于证据设计教研活动,观察实践过程,引发观点争鸣,形成教研共识。

3. 借助视频循证

借助视频促进教研循证,是指在综合教研过程中,聚焦问题解决的关键环节,将实践现场过程拍摄成5—10分钟的微格视频,为后续教研提供实证。强调"微格",是为了提高教研实效,促进研讨聚焦。

随着智能手机等信息化产品的普遍运用,视频录制已成为非常便捷的事。通过拍摄视频可以记录并直观呈现问题解决中的关键事件,作为后续自我审视

---

[1] 陆伯鸿.走向深度的上海教研[M].上海:上海教育出版社,2022:79-81.

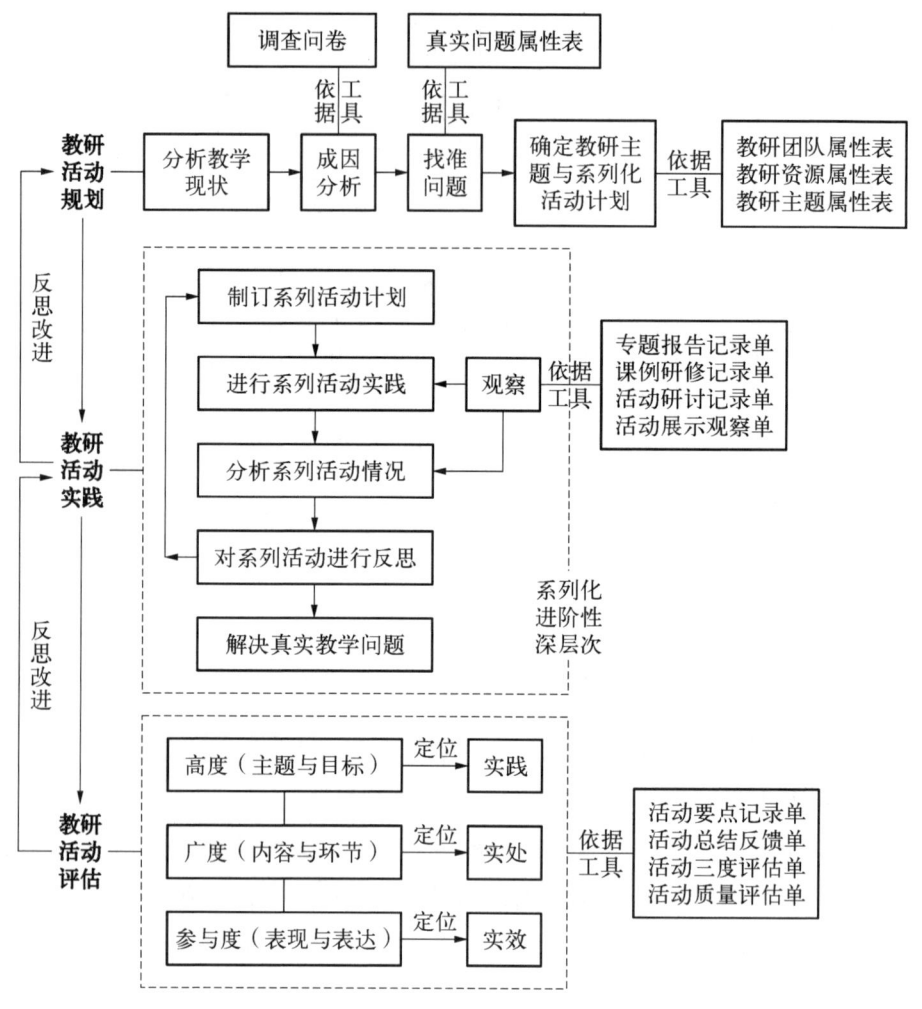

图 9-3 蒙山中学"工具"支持下的教研活动运行模式

反思、同伴互助研讨和专家引领分析的教研证据。视频作为教研证据，主要有三大优势。① 可以反复复盘，全面分析。每一次观看，就是对教研现场的过程复盘，反复复盘有利于更细致、更全面地分析与研究。② 客观形象，提高证据信度。和文字记录相比，视频更客观、更形象，令人信服。③ 可以引发更多人参与。视频能够还原实践现场，让没有现场参与的教师也有机会参与研讨，视频也可以作为后续教研成果推广运用的资源支持。

第四篇

行动提质：

市区校三级联动

本 篇 导 语

自2010年起,基于深化课程教学改革和促进学校内涵发展的需要,上海市教育委员会(以下简称"上海市教委")连续四轮大规模推进"上海市提升中小学(幼儿园)课程领导力行动研究",彰显上海基础教育"先一步,高一层"的改革传统和创新追求。所谓"先一步",就是提前谋划,主动而为;所谓"高一层",就是真抓实干,高标准和高要求。

"上海市提升中小学(幼儿园)课程领导力行动研究"是一个综合性研究项目,既包括着重聚焦学校课程领导力内涵及其提升机制的研究,也涵盖更广意义上的区域和学校课程教学改革发展研究。在提升学校课程领导力的同时,以项目学校为"点",以上海教育为"面",采用"边研究,边实践,边提炼,边推广"的项目推进方式,加强实践的协同创新和成果的系统集成,解决中小学课程改革中的共性问题,服务上海课程改革的持续深化。

"上海市提升中小学(幼儿园)课程领导力行动研究"也是上海推动基础教育改革发展的"龙头"项目,旨在进一步下移课改重心,激发学校在解决课程改革重点难点问题中的创新活力和实践智慧。因此,项目建构了市级、区域、学校三级联动的推进机制,建立了"大兵团"协同攻关的项目范式,发挥教育系统中行政部门、教研部门、学校等各方优势和力量,促进课程改革"自上而下"推进和"自下而上"探索的深度融合,推动学校课程高质量发展。

第十章《提升学校课程领导力的市级推进》主要介绍上海市提升学校课程

领导力前三轮项目研究的主要历程,包括项目研究的背景和意义、目标和内容、过程与方法等,以及项目研究取得的突破和成效。

第十一章《提升学校课程领导力的区域策略》以上海市黄浦区和杨浦区为例,介绍区域提升学校课程领导力的实践样态和行动方略,分析区域提升学校课程领导力的共性特征。区域一级的课程改革具有相对独立的变革形态,区域课程领导力的提升也日益受到关注。

第十二章《提升学校课程领导力的学校实践》以上海市风华初级中学为例,呈现学校连续三轮开展课程领导力项目研究的实践历程,剖析学校课程教学连续十多年可持续发展的内在机理和实践启示。

市区校三级联动,有力提升了"上海市提升中小学(幼儿园)课程领导力行动研究"的品质和实效,呈现了一幅提升学校课程领导力的上海行动图景。现在,"提升学校课程领导力"已逐渐成为上海市中小学、幼儿园的使命自觉和责任担当。项目推进过程中,经常听到项目学校校长有类似的表述:"参加课程领导力项目研究,真正收获的不是项目研究中问题解决的本身,而是收获了一支齐心协力、积极努力的团队。以前工作,我总是要'推着大家'一起做;现在工作,我是'被大家推着'一起做……方向一旦明确了,内心一旦认可了,老师们有的是好策略、好办法……"这样的表述应该是对学校课程领导力最朴素、最生动的刻画,它回答了"如何动员教师为实现课程目标而共同努力"这一问题,一旦价值认同,形成文化,就能激发出无限的主动性和创造力。

一个系统中,只有当大多数成员都发生了从理念到行为的变化时,改革才真正实现。上海坚持十余年,唯愿"课程领导力"之心,慢中求得稳进。在课程改革的浪潮中,彰显着上海教育一如既往的从容、智慧和努力。

第十章
提升学校课程领导力的市级推进

自1988年起,受原国家教育委员会委托,经上海市政府批准,上海相继启动"一期课改"和"二期课改"(简称"两期课改")。在"两期课改"实践中,上海教育紧扣社会和时代需求,始终围绕"育人目标的与时俱进、课程结构的整体设计、课程内容的逐步更新、教学方式的不断完善、评价功能的调整改进、教研方式的转型创新、基层学校的活力释放"等课程改革核心问题,逐步形成了"强化基础、系统设计、重点突破、以校为本、传承创新、持之以恒"的特征,在课程建设、教学实践、教研转型、校本实施、评价改革等方面,均取得明显成效。[1]

"上海市提升中小学(幼儿园)课程领导力行动研究"项目,是在上海"二期课改"持续深化过程中基于实践需求产生的。面对上海基础教育进一步内涵发展、品质提升的需要,2007年,在"上海市中小学课程改革与教学工作会议"上,上海市教委首次鲜明地提出"提升课程领导力"。

自2010年起,上海市教委连续四轮开展实施"上海市提升中小学(幼儿园)课程领导力行动研究"项目。本章主要介绍前三轮项目研究概况,研究进程如表10-1所示,第四轮项目已于2023年初启动。

---

[1] 徐淀芳.探寻上海中小学数学教育[J].基础教育课程,2017(Z1):8-9.

表 10-1 "上海市提升中小学(幼儿园)课程领导力行动研究"项目进程

项目轮次	第一轮	第二轮	第三轮	第四轮
项目时间	2010—2014 年	2015—2018 年	2019—2022 年	2023—2026 年
项目学校	51 所	58 所	119 所	172 所

上海市提升中小学(幼儿园)课程领导力行动研究,是一个推动上海基础教育改革发展的"龙头"项目,是一场凝聚上海全市之力持续深化课改的攻坚战役,是一段充满智慧和挑战的教育旅程。

第一节
上海市提升学校课程领导力项目研究的历程

上海市提升中小学(幼儿园)课程领导力行动研究,立足学校"课程"要素,以项目研究为主要方式,集多方智慧和力量,探索有效提升学校课程领导力的实践策略,共同推动上海基础教育"先一步,高一层"发展。

整个项目推进是在上海市教委领导下,主要由上海市教委教研室负责市级总项目的研究、组织和落实。建立了行政部门、教研部门自上而下的引领指导与一线学校自下而上的实践探索有机结合的运行机制,下移课改重心,激发学校创新活力。

一、第一轮课程领导力项目研究(2010—2014 年)

第一轮项目推进,总项目组首先开展了项目预研究。基于理论研究,形成对于学校课程领导力的初步认识,在此基础上研制了项目研究指南。

2010 年,上海市教委颁布《上海市提升中小学(幼儿园)课程领导力三年行动计划(2010—2012 年)》,要求全市各区县全面开启提升课程领导力行动。同年 4 月,第一轮"上海市提升中小学(幼儿园)课程领导力行动研究项目"正式启动。以 51 所市级项目学校和 1 个整体试验区为点,以全上海为面,围绕学校课程计划、学科建设、课程评价和课程管理四个方面,开展大规模行动研究。

1. 研究背景与意义

当时上海"二期课改"已全面实施,但在调研中发现,课改目标与实际成效之间存在落差,关键问题是课程实施不到位,其本质是学校课程领导力不足。因此,项目研究主要基于三个"需要"。

(1) 深化课程改革的需要

课改进入深水区后,许多难点问题和瓶颈问题逐步浮现出来。如学校课程整体规划不够科学,课程建设与实施不够深入,课程管理不够到位,课程评价不够规范等。从"课程"层面研究和解决这些问题,是深化课改的必然选择。

(2) 学校内涵发展的需要

课程是学校内涵发展的核心,课程领导力的强弱决定着学校能否规范化、高质量、有特色地持续发展。提升学校课程领导力,是学校内涵发展过程中基于自身问题解决的必然要求。

(3) 教师专业发展的需要

校长和教师是课程建设与实施的主体,其专业素养的高低直接决定了学校的教育质量。不断提高校长、教师的专业能力和水平,是持续推进课程改革的重要保证。

2. 研究目标与内容

(1) 研究目标

基于上述三个"需要",总项目组通过问卷调查、座谈和访谈等方式,进一步了解学校课程领导力发展现状,分析存在的问题。在此基础上,厘定了项目研究目标,具体包括:① 探明课程领导力的核心要素及课程领导力与课程要素的关系;② 探索提升课程领导力的内容载体;③ 探索提升课程领导力的路径、策略、方法和运行机制;④ 探索提升课程领导力的有效模式。

(2) 研究内容

依据项目研究目标,以学校课程计划、学科建设、课程评价和课程管理四个方面为突破口,分解为九个子项目开展研究,具体包括:① 关于学校课程计划编制的研究;② 关于学校课程计划评价与完善的研究;③ 关于学科课程建设的研究;④ 关于学科教学有效性的研究;⑤ 关于课堂教学评价的研究;⑥ 关于作业设计与评价的研究;⑦ 关于教研团队建设的研究;⑧ 关于课程资源开发与利用的研究;⑨ 关于课程组织管理与制度建设的研究。

针对每个子项目实践推进中的普遍性难点问题,形成可推广的经验和操作性的范式,探明每个子项目与课程领导力的关系。

(3) 目标和内容的关系框架

项目研究目标与研究内容的关系框架如图 10-1 所示。每所项目学校需要确立一个"必选项目"和一个"自选项目"。通过必选、自选项目相结合的行动研究,使学校不仅能够对课程作"通盘考虑",还能同时做到"点上突破",加深对课程要素及其与提升课程领导力关系的理解。

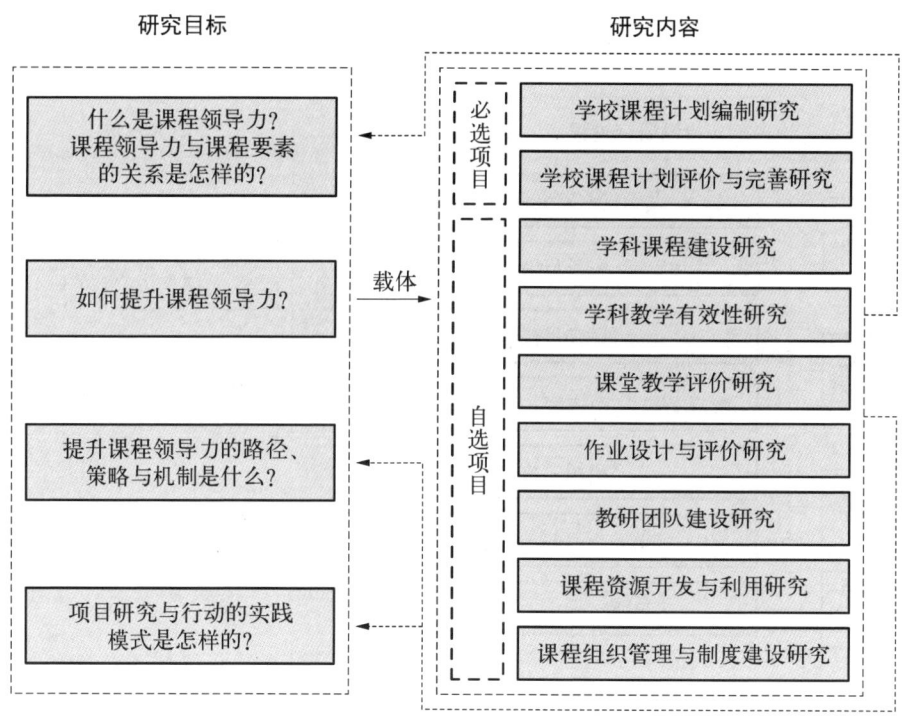

图 10-1 第一轮项目研究目标与内容的关系框架

3. 研究方法与策略

本着"实践导向、互动生成、模式多样、促进提升、关注特色"的指导思想,总项目组设计了"研究—开发—试点—推广"的工作模式,确定了"聚焦问题、理论指导、点面结合、纵贯横通、专家指导、强化过程"六条研究策略。

(1) 研制项目研究指南

针对课程领导力项目研究规模大、周期长、复杂性程度高等特点,总项目组研制了项目研究指南,以文本形式发布,促进项目共识,明确各方责任,使整个项目运行有章可循。

项目研究指南的内容包括项目背景与意义、项目目标与内容、项目申报与管理、子项目申报领域与内容指向等。

(2) 开展螺旋式行动实践研究

整个项目经历了准备、启动、实施和总结四个阶段,综合运用行动研究、问卷调查、文献研究、实证研究、个案研究、比较研究等方法,开展螺旋式行动实践研究,研究过程与方法如图10-2所示。

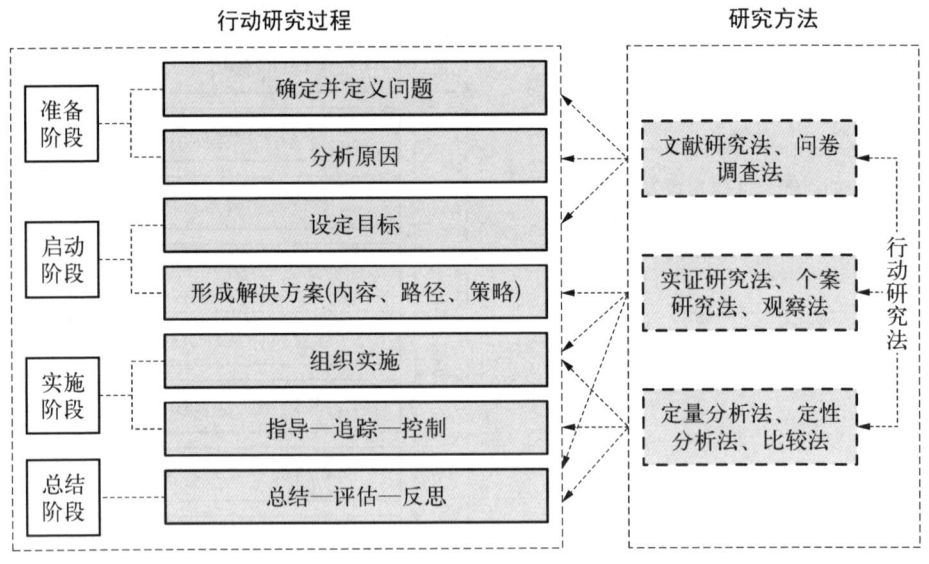

图 10-2 行动研究过程与方法

二、第二轮课程领导力项目研究(2015—2018年)

2015年4月,上海启动第二轮"上海市提升中小学(幼儿园)课程领导力行动研究"项目,着力深化第一轮项目的研究和实践,突破学校课程领导力评价等难点,以提升学校课程实施品质为项目核心。

1. 研究背景与意义

在第一轮项目研究基础上,启动第二轮项目研究,是推进课程与教学改革、促进学校自身发展、深化项目研究的需要。

第二轮项目启动之时,上海基础教育正处于转型发展的攻坚克难阶段。2014年4月,教育部印发《关于全面深化课程改革 落实立德树人根本任务的意见》,强调以立德树人为根本任务,培育学生核心素养。同时,上海作为国家教育综合改革试验区,研制了《上海市国家教育综合改革试验区建设方案(2014—2020年)》,提出落实立德树人根本任务,全面创新育人模式;以促进公平为重点,为每个学生提供均等的学习与发展机会;以考试招生制度和评价制度改革为突破口,优化教育体系和学生成长通道。

深化基础教育改革,仍然需要以课程与教学为抓手,仍然需要重心下移,充分发挥学校在破解教育难题、探索育人模式、提高教育教学质量等方面的主动性和创造性,实现课程领导者从"应知""应为"到"愿为""能为"的转变。

2. 研究目标与内容

(1) 研究目标

第二轮课程领导力项目研究,不是一般意义上的第一轮研究的循环重复,也不是纯事务性的修修补补。它既有承上启下的延续,更是继往开来的开拓。

第二轮项目研究主攻三大重点:一是学校课程实施品质有待提升,二是学校课程领导力评价问题有待解决,三是"大兵团"协同攻关的机制有待完善。

(2) 研究内容

通过项目研究,持续探索提升学校课程领导力的有效途径,研究内容聚焦如下方面。

① 建构学校课程领导力的评价指标,开发、实践、完善课程领导力测评工具,进行学校课程领导力测评实践研究。

② 建构与完善课程领导力提升的三个长效机制:一是区域"大兵团"协同

攻关运行机制,二是学校课程领导力持续提升机制,三是全市中小学课程领导经验共享机制。

③ 提升学校课程实施的品质。解决课程改革重点和难点问题,促进学科基于课程标准的教学,开展评价改革探索和学校质量保障体系建设。学校子项目研究领域内容框架如表10-2所示。

表10-2 第二轮课程领导力项目研究学校子项目研究领域内容框架

课程要素	学校子项目研究领域
课程方案	＊1. 学校课程计划编制及其基于证据的完善研究(与发展规划相联系)
	＊2. 学校德育、美育、体育、劳育、智育课程体系建设研究(课程群建设)
	＊3. 学科(或跨学科)课程与教学指南编制(要素、途径、方法、使用等)
课程设计	4. 社区服务和社会实践课程设计(目标、途径、方法、资源、评价等)
	5. 创新素养培育课程设计(目标、途径、方法、资源、评价等)
	6. 学习领域或者综合主题课程设计(课程群、综合课程、课程统整)
	7. 其他特色课程的设计(目标、途径、方法、资源、评价)
课程实施	8. 应用信息技术推进教学改革实践研究(目标、途径、技术、成效等)
	9. 基于选择性、个性化学习的走班教学实践研究(形式、方式、成效等)
	10. 基于课程标准的教学与评价实践研究(课堂、作业、活动、评价等)
课程管理	11. 学校课程决策和建设机制创新研究(结构、功能、原理、程序等)
	12. 促进教师专业发展的教研机制创新研究(结构、功能、原理、程序等)
	13. 课程资源共建共享机制研究(结构、功能、原理、程序等)
课程评价	14. 以校为本质量保障体系建设研究(要素、工具、分析、改进、制度等)
	15. 基于教学过程的综合评价实践研究(要素、工具、分析、反馈、改进等)
	16. 教学质量综合评价绿色指标实践研究(要素、评价、反馈、改进等)

说明:标注有"＊"的子项目研究领域为项目学校必选项目(在1和2这两项中,选择一项必做;项目3均为必做),学校还必须从其他子项目领域中选择一项作为自选项目。

3. 研究方法与策略

(1) 研究方法

主要采用"边学习、边研究、边实践,以研究引领实践,在实践中完善提升"的行动研究方法。这不仅是提升学校课程领导力的有效方法,也是促进校长、教师、教研员专业发展的根本途径。

在行动研究中,结合运用"指南引领(顶层设计)—工具测评(前测、后测)—行动研究(设计、实施、调整)—总结提炼(路径、机制)—推广辐射"的工作思路,关注学校课程领导力提升的关键行为表现,研制学校课程领导力的测评指标及工具,提炼课程领导力提升的基本策略、方法和途径。

(2) 研究策略

为保障项目研究的有序推进和有效实施,总项目组确立了六大研究策略:① 问题导向,聚焦热点难点问题;② 评价先行,明确项目研究导向;③ 纵贯横通,强化学段间、内容间贯通;④ 蹲点指导,开展持续的研究和指导;⑤ 精细管理,积累项目研究过程档案;⑥ 深化研究,做好成果提炼和辐射。

三、第三轮课程领导力项目研究(2019—2022年)

为进一步贯彻落实立德树人根本任务,促进学校自主发展,持续深化课程领导力项目研究,2019年6月,上海启动第三轮"上海市提升中小学(幼儿园)课程领导力行动研究"项目,遴选产生119所项目学校,覆盖上海所有区。

1. 研究背景与意义

提升学校课程领导力,是上海教育更好地回答"培养什么人、怎样培养人、为谁培养人"这个教育的根本问题,全面落实立德树人根本任务的迫切需要。

第三轮项目启动之时,上海陆续出台《上海市进一步推进高中阶段学校考试招生制度改革实施意见》《上海市教育委员会关于实施百所公办初中强校工程的意见》等一系列教育改革政策,"办好每一所学校,成就每一名教师,教好每一位学生"已成为教育共识,其落脚点是学校,核心是提高学校课程与教学质量。

随着基础教育改革的深化,一些教育的难点和瓶颈问题亟须解决,如义务教育优质均衡发展问题,切实加强德育和劳育问题,学生学业负担过重问题等。

课程与教学问题的解决还是要从"课程"突破,通过专业的课程领导,缩小国家理想课程与学生经验课程之间的差距,促进学生发展、教师发展和学校发展。

2. 研究目标与内容

(1) 研究目标

第三轮项目研究着重关注：① 进一步完善学校课程领导力提升的三个长效机制；② 进一步提炼、检验、优化前两轮课程领导力项目成果和经验；③ 进一步促进教学方式变革。

(2) 研究内容

依据项目研究目标,第三轮项目研究内容聚焦如下四个方面。

① 持续完善课程领导力提升的三个长效机制。一是市、区、校三级项目研究共同体运行机制；二是学校课程持续完善机制,包括"调研诊断＋行动研究＋成果检验"；三是经验孵化共享机制,包括"经验提炼＋经验验证＋经验推广"。

② 提炼并推广前两轮课程领导力项目研究经验和成果。一是对已有经验进行"规格化"(流程＋属性＋问题＋方法＋机制)研究,形成"产品"(方案＋规格＋案例＋课程),作为辐射推广的基础；二是采用"调研分析＋培训推介＋实践应用＋成效评估"相结合的方式,作为辐射推广经验的基本模式。

③ 聚焦课程改革关键领域开展攻关创新,促进教学方式变革。具体包括学校课程制度建设、国家课程的校本化实施、综合素质评价、信息技术和人工智能应用等方面。例如,第三轮项目研究指南中关于"课程实施"领域,学校子项目研究领域及内容指向如表 10－3 所示。

表 10－3 第三轮课程领导力项目研究学校子项目研究领域及内容指向(节选)

学校子项目研究领域	学校研究指向
学科单元教学设计编制与完善	1. 基于各学科单元教学设计指南,开展校本单元教学设计实践研究(内容结构化＋素养整体性＋课内外一体化) 2. 以各学科单元教学设计为载体,探索各学科主题教研的路径、方法、策略,提升单元教学设计各要素(目标、活动、作业、评价)一致性研究

续 表

学校子项目 研究领域	学校研究指向
	3. 各学科单元教学设计与单课时教学设计的互动转化研究 4. 各学科单元层面探索多种教与学的方式,如混合学习(翻转课堂、实验室模式、线上线下)、体验学习(项目学习、服务学习)、计算思维教学(逻辑、算法、分解、抽象、关联)等
基于选择性、个性化学习的走班教学实践研究	1. 基于学生个性潜能差异,满足学生个性化需求和专业选项的课程供给研究 2. 满足学生选课走班的跨学科深度学习空间、学习环境建设研究 3. 基于大数据和学习科学理论的个性化走班设计与教学效益最大化实践研究
基于课程标准的教学与评价实践研究	1. 目标导向的单元、课时教学设计路径研究 2. 基于课程标准的学期教学方案规划研究(① 基于课程标准将年级或学期目标分解为单元目标;② 联系教材确定单元教学内容与要求,规划单元课时;③ 依据目标设计学期、单元学业评价) 3. 基于课程标准,体现目标导向的学期、单元学业评价的设计与实施研究 4. 以评价调控课时、单元及学期教学计划的方法、策略研究
以校为本的作业设计和实施实践研究	1. 校本作业设计与实施的管理研究,含规章制度、指导、监控、评价与反馈 2. 单元视角下作业、上课、评价之间的关联研究,如作业设计规格、实施要求,作业与学科核心素养培养之间的关系 3. 长作业(含寒暑假作业)、综合实践类作业、团队作业、家校合作作业等的设计与实施

④ 深化学校课程领导力及学校课程与教学质量的评价研究。探索学校课程领导力及学校课程与教学质量的评估模型、测评工具、数据采集和处理系统。

3. 研究方法与策略

和前两轮项目相比,第三轮市级项目学校数量增加了近一倍,达到119所。主要原因包括:① 随着项目影响力越来越大,申请参加项目的学校越来越多;

② 根据上海市教委工作要求，本轮课程领导力项目研究需要与"初中强校工程建设"等相结合，因此初中学段项目学校最多，为43所；③ 第三轮项目研究希望能够在更多不同类型的学校中验证、推广、运用前两轮项目研究成果，以进一步发挥项目示范、引领、辐射作用。

基于上述原因，第三轮项目研究除了继续沿用前两轮行动研究等方法和策略，主要加强了两个方面的项目推进策略设计。

(1) 建构项目成果验证与推广的基本路径

第三轮项目学校分成两大类：A类项目学校主要根据本校需要解决的课程实践问题，选用前两轮项目成果，边解决问题边对成果进行验证和完善；B类项目学校主要根据总项目指向要求，对前两轮项目成果"查漏补缺"，通过自身研究补充、丰富已有成果，使之更系统、更完善，基本路径如图10-3所示。

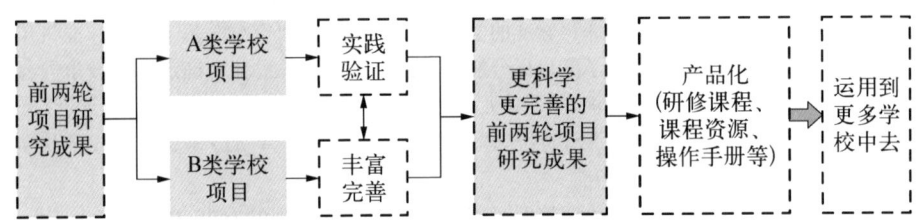

图10-3 项目成果验证与推广的基本路径

例如，对于单元教学设计，A类学校主要运用前两轮研究形成的单元教学设计流程、规格等开展实践，然后反馈"好不好用，需不需要进一步改进"；B类学校可能要进行跨学科单元教学设计研究，弥补原来成果中的空白和缺漏。双线并进，使原来的成果更科学、更完善。随后，总项目组通过研发研修课程、操作手册等方式对成果进行"产品化"，推广运用到更多学校，更好地服务全市课程与教学改革。

(2) 推进跨校专题深度研修

第三轮项目学校之间差异显著。总项目组视差异为"资源"，根据项目学校研究主题的相关性与相似性，建立专题性的研究共同体，探索小组自主运作机制，定期开展跨校专题深度研修，发挥跨区、跨校的专业影响力，促进智慧传递。

实践中,探索形成了"课程领导5P研修"[1]"协同攻关案例研究""'让经验增值'合作研修"等机制模式。

第二节
上海市提升学校课程领导力项目研究的成效

"上海市提升中小学(幼儿园)课程领导力行动研究"是一个综合性研究项目,既有聚焦学校课程领导力内涵及其提升机制的研究,也有在更广意义上的区域和学校课程教学改革发展研究。因此,项目研究的成果也是丰富的、立体化的,本节只是以列举的方式作简要介绍和说明。

本项目研究成果获2013年上海市级教学成果奖(基础教育)特等奖,获2014年基础教育国家级教学成果奖一等奖,在全国产生一定的影响力。

一、项目研究的创新突破

上海市三轮课程领导力项目研究,时间长、规模大,取得许多创新和突破,并呈现出逐步深化的发展特征。

1. 形成了对于学校课程领导力的上海认识

通过理论研究,对什么是"学校课程领导力"形成了独特认识。"学校课程领导力"是以校长为核心、教师为基础的课程领导共同体;以学校课程文化建设、课程的设计与开发、组织与实施、管理与评价等为载体;以提升学校的课程教学质量,促进学生、教师、校长、课程、学校文化的发展为目标;是在学校的课程改革探索与实践行动中体现出来的教育思想、教育哲学,以及课程理解、规划、执行、自控、评估、创造等方面的能力。[2]

随着实践研究的深入,尤其在落实国家《普通高中课程方案(2017年版2020年修订)》《义务教育课程方案(2022年版)》和其他相关课程政策的过程

---

[1] 金京泽.上海校长课程领导研修"5P"模式初探[J].上海课程教学研究,2020(10):6-12.
[2] 徐淀芳.探索基于证据和合作共同体的教研机制[J].人民教育,2016(8):48-51.

中，在以学生核心素养培育为导向的新一轮基础教育课程改革背景下，我们愈加深刻地认识到，学校课程领导力的本质是一种专业影响力。通过专业影响的方式，引领学校课程价值，激励每一个课程主体共同努力，达成学校课程目标，并建设形成与之相匹配的课程文化。提升学校课程领导力，以促进国家课程改革理念引领下的课程价值观念认同为第一要务，促进国家"倡导的课程理念"真正转化为教师"践行的课程理念"，服务国家课程方案的高质量实施，保障国家育人目标的高质量实现。

2. 突破了学校课程教学改革的关键领域

提升学校课程领导力项目研究，取得了新时代课程教学改革关键领域的突破，主要体现在两大方面。

（1）建构了学校系列化的课程制度，包括学校层面的学校课程实施规划，教研组和学科层面的课程校本实施纲要，教师和课堂层面的单元教学设计等，体现国家课改理念与要求，引领和规范教师课程实践行为。通过学校系列化课程制度的高质量实施，并且着力提升课程制度之间的一致性，有效缩小国家课程方案实施过程中的"课程落差"，在一定程度上解决课程改革"理念好，落地难"问题。

以学校课程实施规划为例，项目研究厘清了学校课程规划的概念内涵，明晰了学校课程规划的意义价值；研发了"六大要素的整体设计""双轮驱动的实践导向""关键问题链的思维支架""审议评估的质量保障"等编制策略；建构了"可视化实施闭环""系列保障工具""持续更新机制"等实施系统，努力提升课程规划实施过程中的一致性。具体可参见本书第五章和第七章。

（2）基于项目学校的实践研究，在立德树人、课程德育、因材施教、实践性学习、跨学科主题学习、课程统整、作业设计、学习空间建设、数字化教材与教学研究等课程改革的关键领域取得实质性突破，积累了大量可借鉴、可推广的实践案例和典型经验，对于全市课程教学改革发挥了示范作用，具有引领价值。

3. 建构了提升学校课程领导力的实践模型

探索建构了学校提升课程领导力"同心圆"实践模型。学校课程领导力不仅体现在办学理念、课程愿景、育人目标等核心价值观上，而且反映在课程文本、课程行为规则及课程运行保障机制等课程制度上,并且最终体现在学校育人环境、课程习俗活动、师生形象等课程文化上。其中,课程制度是提升学校课程领导力的关键突破口。课程制度"内接"学校课程愿景,以文本形式明确表达学校课程核心价值观,使内隐的价值观念显性化并使之可传播、可践行,通过系列化的课程制度使价值观念得以诠释、分解和细化。同时,课程制度"外启"学校课程文化,通过制度的规范有效实施确保学校核心价值观能够确确实实付诸实践,并最终将价值观转化为现实,促进学校文化转型和课程领导力提升。

实践中,以学校课程制度为抓手,采用项目研究的方式,引领学校课程改革实践行动。创设校长与教师之间、教师与教师之间、学校与外部专家之间相互专业影响的平台和机会,在互动对话、行动改进和实践验证中促进对课程改革理念的理解,消除分歧,实现认同与内化,进而引发自觉的课程行动。可以说,项目研究的过程就是学校课程领导力提升的过程,在"做"项目的过程中提升学校课程领导力。

采用"双项目"制,促进学校"课程制度"与"课程改革实践"之间的双向联动,是上海市前后三轮课程领导力项目研究一直坚持的研究模式(图10-4)。每轮项目学校都需要同时承担两个子项目研究,其一是"必选项目",侧重学校课程制度建设,开展学校课程规划编制与实施,并基于证据持续评估和完善;其二是"自选项目",侧重学校课程改革实践,即立足学校课程目标、课程

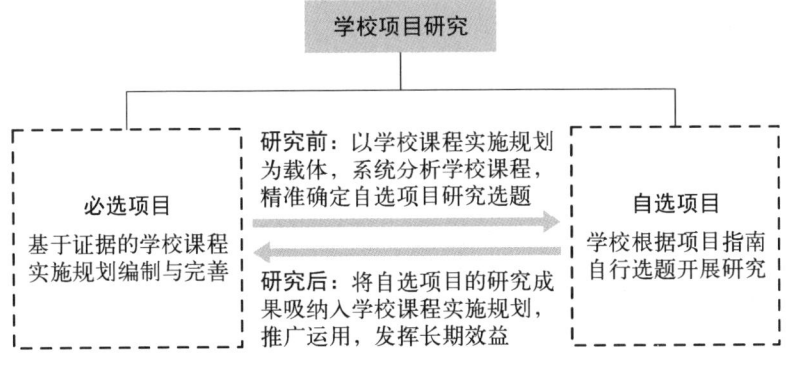

图10-4 学校"双项目"联动研究

结构、课程实施、课程评价等课程要素的持续改进,学校自行选题开展实践研究。这样设计的意图是促进"课程制度"与"课程实践"之间的联动,通过学校课程规划研究促进对学校课程的系统思考和顶层设计,从而能够精准确定自选项目的研究方向。这样设计能够促进"系统思考"和"点上突破"有机结合,培养学校以课程制度为载体推进学校课程持续改进的行动习惯和心智模式。如果能够长期坚持,这样的行动模式就可以成为学校课程的常规机制和常态文化。

4. 探索了学校课程领导力的评价设计

基于对学校课程领导力的认识,探索了学校课程领导力的评价设计,并在实践中不断改进、发展和完善。目前,学校课程领导力测评主要分为基础性测评、发展性测评及特色测评三种类型,供学校自主选择。探索"基于标准"和"基于证据"相结合的学校课程领导力评价,力求通过客观、真实的多元证据采集,准确判断学校课程领导力发展状态,提炼有效经验,落实持续改进。

在第二轮课程领导力项目研究中,总项目组把学校课程领导力评价作为重点任务予以攻关。通过研制评价标准、开发数据采集工具、依托项目学校开展试点评估等过程,确立了由4个一级指标、12个二级指标、36个观察点构成的评价指标体系,形成了三级等第标准,研制了基础性检核表、文本分析表、课堂观察记录表、访谈提纲、教师和学生问卷等测评工具,编制了学校课程领导力评估手册,建构了较为完整的学校课程领导力评价体系,主要服务学校自我评估。

5. 建立了"大兵团"协同攻关的项目范式

作为上海基础教育发展的"龙头"项目,课程领导力项目具有覆盖面广、参与区县和学校众多、研究周期长、复杂程度高等特点。为此,探索形成了行政人员、教研人员、高校专家和学校校长、教师紧密合作的"大兵团"协同攻关范式,使各方研究群体都能发挥自身优势,相互取长补短,共同致力于研究目标的实现。这种项目运行方式为在大范围内集多方人员智慧、共同实践来推动重大课程改革,提供了一个很好的范例。

下面以在"学校课程规划实践指南"研制过程中运用的"协同攻关案例研究模式"(图10-5)为例加以阐释。

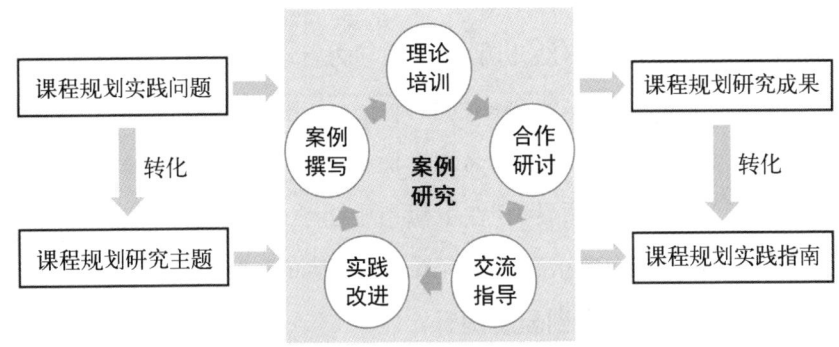

图10-5 协同攻关案例研究模式

首先,"大兵团"中的理论研究者在现状调研、文献研究基础上梳理出需要解决的实践问题,将其转化为研究主题并提供问题解决的初步框架,供学校参考选用。这样有助于跨区、跨校的案例研究"形散而神不散",共同指向课程规划编制与实施关键问题的有效解决,也使课程理论与课程实践之间能够更好地实现无缝对接。

其次,项目学校根据实践基础与发展目标,选择若干问题开展针对性研究。项目成员分组每月一次定期研讨,主要研讨路径为:项目学校交流实践研究中发现的经验和遇到的问题—小组成员集体研讨每一所项目学校的经验价值和所遇问题的解决办法—项目学校带着汇集集体智慧的新方案回学校进一步实践探索……这一过程融合了专家指导和文本写作,不断循环直至形成研究成果。这种方式可以让学校在富有支持性的环境中开展研究,增强研究的获得感和幸福度,也有助于将以"自我叙述"为标志的主观式个案研究上升为具有一定普遍意义的客观性问题研究。

最后,由项目核心组成员采用归纳法对实践案例进行聚类分析,从个案经验总结转至系统化和规格化的经验提炼,提升经验的普适性和可操作性。在此基础上,编制学校课程规划实践指南,通过培训、展示、文本指导等方式将经验运用到更广泛的学校实践之中,接受检验并不断完善,让项目研究的经验成果从实践中来,再运用到更广泛的实践中去。

二、项目研究的实践成效

在"上海市提升中小学(幼儿园)课程领导力行动研究"项目引领下,越来越多的区、越来越多的学校、越来越多的教师投入其中。"课程领导力"在上海基础教育界已不是一个普通的"学术名词",而是一个有着特定内涵和外延的"教育动词"。"提升学校课程领导力"在上海市中小学(幼儿园)的校(园)长心里,已不是必须执行的"指令要求",而是有着文化自觉的"办学使命"。

1. 学校课程领导力得到显著提升

从总项目组围绕"学校课程"和"学校课程领导力"面向校长、教师的多次调研数据来看,上海和上海以外地区有显著性差异,上海教师课程和领导力指数显著高于上海以外地区,教师参与学校课程行为更加积极主动,职业认同感相对较高,自我效能感更强。[1] 这应该与上海坚持十余年推进课程领导力项目研究存在一定的相关性。

学校课程领导力得到显著提升,具体体现在以下几个方面:校长和教师的课程领导意识和能力得到提升,反映在问卷调查、特级校长和特级教师评选中;学生的课程满意率得到提升,体现在上海市中小学生学业质量绿色指标评价数据中;项目学校的研究成果显著,在上海市和国家级教学成果奖评选中脱颖而出。

以第二轮项目研究为例,教师参与面广,并在项目研究中得到专业发展。58所项目学校中,教师参与率为100%的学校达26所,占44.8%;参与率达50%以上的学校有50所,占86.2%。课程领导力项目学校的教师总数为5683名,参与项目研究的教师数为4179名,占73.5%。项目研究期间,有22名校(园)长被评为特级校(园)长、特级书记或特级教师,4名校(园)长被评为正高级教师,1名校长获得"上海市教育功臣"荣誉称号。

---

[1] 金京泽.数据驱动的中小学教师课程领导力实践模型研究[J].上海教育科研,2022(9):27-32.

在2013年和2017年上海市级教学成果奖(基础教育)评选中,项目学校获特等奖9项、一等奖39项。在2014年和2018年基础教育国家级教学成果奖评选中,项目学校获一等奖8项、二等奖11项。

2. 形成了一批凸显实践价值的物化研究成果

总项目组出版了《基于问题解决：提升课程领导力的行动》《我们的课程领导故事》《课程领导：学校持续发展的引擎》等跨学段成果著作3本,出版了《为了学校的可持续发展——普通高中提升课程领导力的探索》《学校课程计划编制实践指南》《课程领导的上海高中行动》《学校课程计划完善实践指南》《学校特色课程在行动》等分学段成果著作12本,以及各学段、各学科单元教学设计指南20多本。

以第二轮项目研究为例,项目研究期间,共有40所项目学校出版了80多本相关研究成果,如《高考改革与学校变革——基于上海市曹杨第二中学的探索》《空间引发的学习变革——上海市市西中学"思维广场"解码》《个性化教学：基于"道尔顿制"教育的再实验》《单元教学视野下回应式课堂的研究与实践》《后"茶馆式"教学的实践指导》《F·X成长教室——基于问题情境的小学主题式综合课程实践研究》《有一个叫"蓬莱小镇"的地方》《让孩子表现自己,让教师发现孩子——以幼儿自主学习为核心的低结构活动探索》《发现童心的秘密——幼儿发展评价的实践》等。项目学校专著出版覆盖面达到68.9%,其中26所项目学校出版了2本及以上的研究成果集。项目学校教师在各级刊物上发表相关研究论文342篇。

3. 研究成果服务全国课程教学改革

项目经验成果不仅在上海市中小学、幼儿园中推广运用,而且逐步辐射海南、山东等省,服务全国课程教学改革。2013年,教育部基础教育课程教材发展中心在相关调研论证基础上,启动在教育部6个实验区开展提升课程领导力的实践探索,涵盖上千所学校。2021年,项目成果成为教育部基础教育课程改革实验区"领军型校长成长工程"高中、初中、小学校长研修班培训课程,进一步促进项目成果在全国范围内的分享和交流。

以第二轮项目研究为例,据不完全统计,总项目组和项目学校举办或参与国际学术交流活动128批次、全国学术交流活动1195批次，围绕课程领导力项目开展了517次对外专题讲座。《文汇报》《中国教育报》《解放日报》等媒体多次报道"上海市提升中小学（幼儿园）课程领导力行动研究"成果和成效，仅《文汇报》一家媒体就对项目进行了十余次宣传、报道。

第十一章
提升学校课程领导力的区域策略

课程改革是一项复杂的系统工程,"上海市提升中小学(幼儿园)课程领导力行动研究"采用市、区、校三级联动的推进方式,其中"承上启下"的区域层面的实践探索无疑是非常重要的环节。区域既是一个有形的地域概念,也是一个无形的文化概念。上海现有16个区,每一个区都有着自己独特的课改历史、课改经验、课改文化和课改基础,所以在面临新一轮发展时,每个区会确立不同的课改目标,采用不同的课改策略,制定不同的课改政策,从而呈现出鲜明而独特的区域特色和区域经验。在市级总项目的引领下,上海市各个区也大力组织区内学校开展提升课程领导力行动研究,并选择了不同的切入点和推进策略。

第一节
区域提升学校课程领导力的实践样态

区域推进课程领导力项目研究,一般会将其纳入本地区未来几年教育事业发展的整体规划之中,也就是在区域教育发展愿景引领之下,以解决本地区课程教学改革重点难点问题为目标,统筹规划,整体布局,有序推进。区域推进课程领导力项目研究具有系统设计、保障有力等优势,但也并不容易,因为区域内学校之间的差距是客观存在的。项目推进中,从促进改革目标的理解和认同,到实践过程的组织和支持,再到项目成果的提炼和评估,每一个环节都需要深入研究、精心设计和动态把握。

本节主要以上海市黄浦区和杨浦区为例,介绍上海市各区推进提升学校课程领导力项目研究的实践样态和行动特征。黄浦区课程领导力项目研究以推进区域特色课程建设为抓手,杨浦区主要立足于促进学校课堂文化转型的探索和实践。

一、推进区域特色课程建设的黄浦实践

上海市黄浦区是"上海市提升中小学(幼儿园)课程领导力行动研究"项目第一轮、第二轮的整体试验区。在区域"办人民满意的教育,办学生喜欢的学校"教育理念引领下,黄浦区先后两轮课程领导力项目研究都是围绕区域特色课程建设而展开。第一轮研究项目为"黄浦区中小学特色课程建设的实践研究",第二轮研究项目为"区域特色课程图谱建构及其推进研究"。黄浦区课程领导力项目在黄浦区教育局领导下,由黄浦区教育学院负责组织、研究和推进,本节主要介绍黄浦区第一轮课程领导力项目研究概况。[①]

1. 研究背景与意义

2010年,黄浦区以推进中小学特色课程建设为切入点,引领全区中小学开展课程改革实践与探索,主要基于以下背景和思考。

(1) 需要进一步满足学生成长需求

黄浦区地处上海中心城区,区域内学生的家庭背景、兴趣特长差异大,学生对于课程类型、课程内容和课程实施方式的需求也呈现出多元化、个性化的特点。

(2) 需要进一步发展学校办学特色

学校在推进课程改革的过程中,课程意识得到增强,也积累了丰富的课程资源,但是在一定程度上存在"为特色而特色""学校特色未能真正成为育人特色"等问题。

(3) 需要进一步促进区域优质课程资源的共建共享

调研表明,囿于学校资源和建设能力,课程资源往往无法满足学生多样化

---

① 本节中项目研究相关材料由上海市黄浦区教育学院提供,有改动。

的课程需求。因此,如何改变学校校本课程"自产自用"的局限性,促进区域优质课程资源的跨校共建与共享,是值得探索和解决的问题。

2. 研究目标与内容

通过项目研究,旨在让"以学生发展为本"的理念落实到区域课程建设之中,为每一个学生提供喜欢的、可选择的特色课程。引导学校深入认识办学特色与课程建设、学生发展之间的关系,探索学校特色课程开发与实施模式,提升学校规划课程、实施课程、评价课程的能力,推动区内学校优质均衡发展。

研究内容主要聚焦在四个方面:① 探索实践层面特色课程的内涵与外延,明晰概念界定,为特色课程建设指明方向;② 在保证国家课程高质量实施的前提下,引导学校通过特色课程建设促进内涵发展,创造性深化区域课程改革;③ 探索教师开展特色课程建设的技术与方法,增强教师课程意识和提升课程设计能力;④ 促进区域特色课程资源集成与共建共享,解决靠单所学校无法满足学生多样化学习需求的问题。

3. 研究过程与方法

黄浦区推进课程领导力项目研究的基本行动路线是"整体设计、点上深化、多端切入、综合聚焦、成果推广",建构了区域推进中小学特色课程建设的技术路线图(图 11-1),并以"基点在学校、关键在引领、核心在共享"作为项目推进的行动准则。

(1) "现状调研"和"文献研究"相结合

黄浦区项目组首先对区内学校特色课程建设现状进行了调研,掌握中小学生所喜欢的课程的共性特点,摸清区内学校优质课程资源的分布情况和总体数量。在此基础上,对区域特色课程建设的目标、内容、方法、步骤和保障等方面进行系统设计。

结合文献研究,进一步明晰特色课程的内涵和外延,梳理提炼特色课程的基本类型和基本特征。

(2) "个案研究"和"经验提炼"相结合

组织区内 30 多所学校开展实践研究,一是研制学校课程实施规划,二是研发学校特色课程,两者相结合,在高质量落实国家课程的前提下建构各具特色

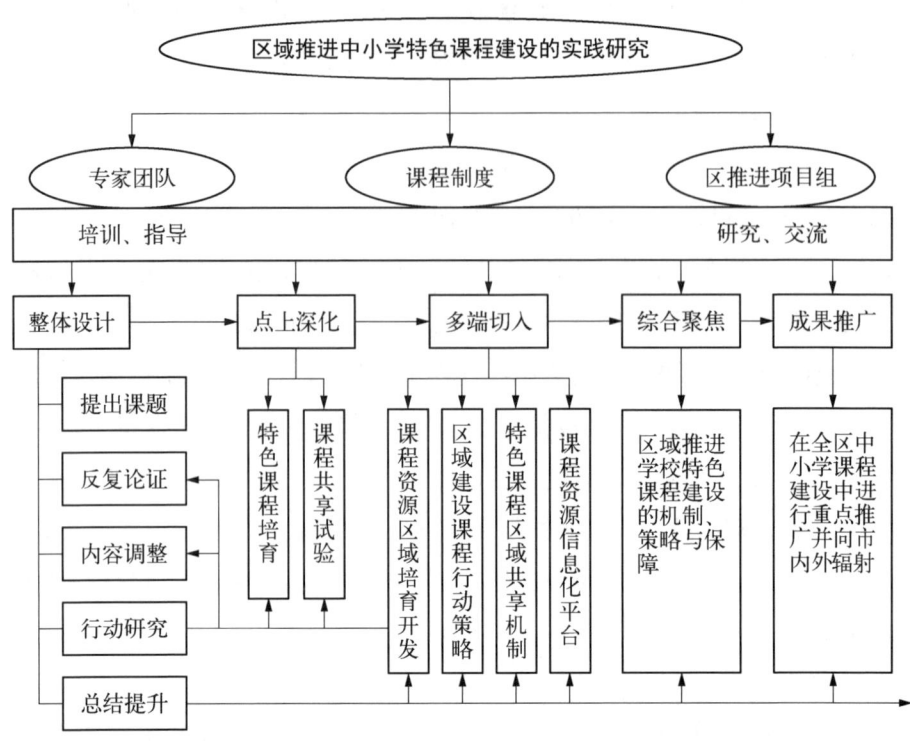

图 11-1 "黄浦区推进中小学特色课程建设的实践研究"技术路线图

的学校课程体系,形成学校实践案例。

基于学校实践案例,黄浦区项目组提炼了"特色课程开发的七项核心技术""黄浦区中小学特色课程建设的十条建议"等成果,通过文本发布、专题培训、分享论坛等形式进行推广运用,指导和支持更多学校、更多教师的课程开发实践。

4. 研究成果与成效

黄浦区通过课程领导力项目研究,积累了一批校本和区本特色课程;培育了一支具有课程领导力的校长和教师队伍;打造了一个区域课程共享网络平台;建构了一组区域共享特色课程建设的保障机制;形成了一批实践研究成果,以此实现区域"建设学生喜欢的课程"的发展目标。

(1) 形成了关于特色课程的区域认识

学校特色课程是在符合立德树人根本要求、国家课程方案和各级课程政策的前提下,依据学校独特的课程哲学,组织教师自主开发的校本课程。它必须能够为学生提供个性化的学习经历和学习经验,有利于学生全面发展和个性发展,体现独特性和优质性,有相关的课程资源支持,并在学校内外具有一定影响力。

特色课程在学校课程体系中有三种存在状态:"点状""线状""蜂窝状"。"点状"是指一门单独的课程;"线状"是指由多门课程组合而成的一个课程系列;"蜂窝状"是指由多门课程相互关联、相互支撑,形成具有明确育人目标的课程群。

一般而言,一门相对成熟的特色课程,至少需要经过三轮"课程试验周期"的实践检验。特色课程建设能够促进教师专业发展,是提升教师课程领导力的重要途径之一。

(2) 建构了区域特色课程建设的支持系统

区域特色课程建设的支持系统主要由以下三个方面构成。

① 可操作、可推广的特色课程开发技术和方法

围绕学校特色课程开发,提炼形成"特色课程开发的七项核心技术""黄浦区中小学特色课程建设的十条建议"等可操作、可推广的特色课程开发技术和方法,为学校组织开展特色课程研发提供了基本路径和操作框架。

例如,"黄浦区中小学特色课程建设的十条建议"具体包括以下十个方面:学校课程规划的编制,课程资源的利用,特色课程的设计,特色课程的实施,特色课程的评价,特色学科的建设,特色课程的研修,特色课程的审核,特色课程的共享,特色课程的保障。

② 保障区域特色课程高质量发展的课程制度

立足区域特色课程建设,在实践中逐渐积累形成了"区、校两级校本课程审核制度""区域推进特色课程建设的管理办法""黄浦区特色课程的评估指标"[1]等课程制度,极大地提高了学校课程开发与实施的科学性、规范性和有效性。

例如,明确要求学校成立校本课程校级审核委员会,主要针对校本课程的开发、试验、实施、评价和完善等环节开展审议。校本课程至少要经过三轮"课

---

[1] 邢至晖,韩立芬.黄浦区中小学特色课程建设的实践与研究[J].现代教学,2011(Z2):102-103.

程试验周期"的实践检验,审核委员会要对每个"课程试验周期"进行初审和复审,最后将符合要求的、适合学生的、具有高度育人价值的校本课程纳入学校整体课程体系。

③ 促进区域特色课程共建共享的机制和平台

建立了优秀特色课程遴选制度,定期开展区级课程评审,对高质量的校本特色课程授予区本特色课程的荣誉,开展跨校实施,实现"一校课程,全区共享"。

研发了区域课程共享共建信息化平台,全区200多门特色课程纳入区域共享课程库,供全区学生自主选择。可视化学习网站不仅成为区域特色课程的管理、建设和共享平台,也正逐渐成为区域师生共同学习的网络社区。

二、追求区域课堂文化转型的杨浦行动

上海市杨浦区积极落实《上海市提升中小学(幼儿园)课程领导力三年行动计划(2010—2012年)》,从2010年至2015年,先后开展两轮"提升学校课程领导力,提高教学有效性"研究,积累了区域课程改革的特色经验,取得了丰硕的实践成果。

从2016年至2020年,杨浦区开展了第三轮"提升中小学(幼儿园)课程领导力行动研究",并于2021年启动第四轮项目研究。杨浦区课程领导力项目在杨浦区教育局领导下,主要由杨浦区教育学院负责组织、研究和推进。本节主要介绍杨浦区第三轮课程领导力项目的实践探索。①

1. 研究背景与意义

杨浦教育多年来一直坚持"立足课堂,推进课改",认为课程改革最终发生在课堂上,需要打通"课堂变革的最后一公里"。在前两轮研究的基础上,杨浦区将第三轮课程领导力项目确定为"区域推进学校课堂文化转型的实践研究",主要基于以下三方面的需求和思考。

(1) 学校课堂转型的推进需要提升文化视角

作为课程变革中最困难、最本质的部分,课堂文化转型是课堂变革的核心

---

① 本节中项目研究相关材料由上海市杨浦区教育学院提供,有改动。

密码。课堂文化的内涵及其在课堂变革中的价值与功能,在以往课程与教学改革的实践中常常被忽略和低估。

(2) 区域推进学校课堂变革的策略和路径有待探索

作为推动学校课堂变革的间接力量,区域行政和教研部门既不能缺位,也不能越位。如何提升区域课程领导力,有效推动学校课堂转型发展,具体策略和路径值得研究与探索。

(3) 学校提升课程领导力需要解决两大困难

杨浦区项目组(以下简称"区项目组")通过调研发现,学校对于课程领导力的认识和理解存在困难,对课程领导力的提升路径存在困惑,需要通过一定的载体使其具象化,让它可感知、可判断[1]。

2. 研究内容与过程

在历时五年的实践研究中,区项目组每年设计了不同的关键词和主题:2016 年是"思路与设计",2017 年是"优化与实施",2018 年是"调整与突破",2019 年是"整合与提升",2020 年是"总结与推广"。这些关键词和主题有机串联起整个项目研究,呈现出一步一个脚印、环环相扣的项目研究历程。

(1) 建构区域学校课堂文化转型的结构模型

追求课堂文化转型旨在加强对课堂教学的价值引领,实质上是一个促进文化自觉的过程。课堂变革不仅体现在教学行为和教学技术层面,还蕴含于课堂文化的价值层面。课堂文化是课堂教学的土壤,是课堂中师生价值观念、思维方式、行为方式等多维度的复合体,对教师发展和学生成长具有潜移默化的引导、规范和激励作用。

区项目组认为,课堂样态若要真正变化,需要课堂理念、行动、制度、环境等多重结构要素的系统性变革,需要课堂文化的整体更新与系统转型。因此,项目研究传承区域长期以来"创智课堂"建设的课改特色,深化区域"儿童立场、生活指向、创新旨趣、探究取向"的课堂转型整体追求,厘清课堂文化的基本内涵、

---

[1] 朱清一,周梅,王白云,等.杨浦区提升中小学(幼儿园)课程领导力行动研究项目初态调研报告[J].上海课程教学研究,2017(3):63-69.

结构要素和运行机理,在此基础上系统建构了涵盖"四大维度""八大着力点"的课堂文化转型结构模型(图11-2)。"四大维度"包括课堂理念文化、课堂行动文化、课堂制度文化和课堂环境文化,"八大着力点"包括一致贯通、认同参与、教学方式、能动学习、行为准则、激励评价、信息技术和创智场所。

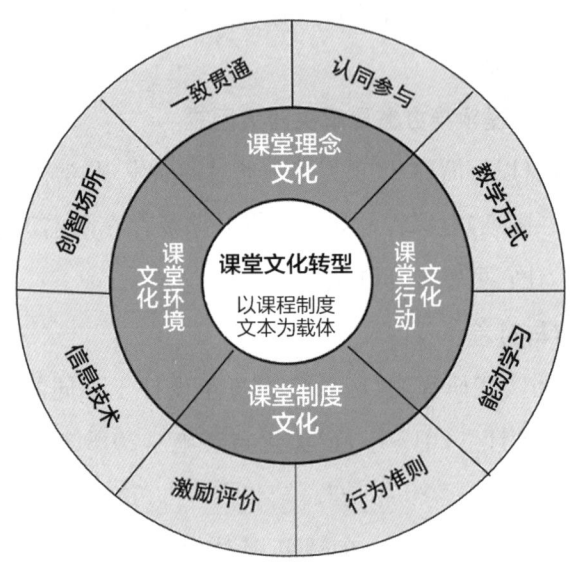

图11-2 杨浦区学校课堂文化转型结构模型

课堂文化转型结构模型为学校谋划课堂文化转型实践研究提供了系统性思考支架,学校可以结合本校实际寻找适合的着力点切入,来撬动学校课堂教与学方式的整体完善和优化。

(2) 探索区域提升学校课程领导力的行动框架

以课堂文化转型为课程变革愿景,以课程制度文本为实践载体,以课例研究为主要方法,形成了杨浦区提升学校课程领导力的行动框架(图11-3),期望通过课程团队的课程制度文本设计、转化实施、更新改进的动态循环,强化彼此间的影响与合作,进而解决课程问题,实现课堂文化转型,促进提升课程领导力的课程实践。[1]

以课程制度文本作为学校课程领导力提升的实践载体,促进"课程领导力

---

[1] 周梅.以课程文本研制提升学校课程领导力的区域探索[J].上海教育科研,2019(4):68-71.

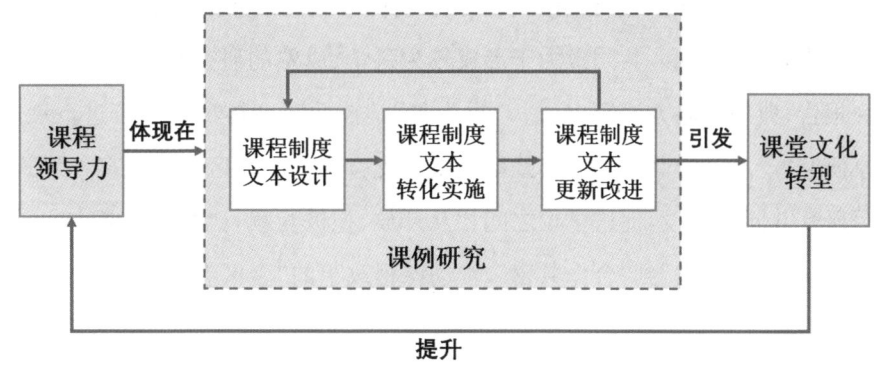

图 11-3　杨浦区提升学校课程领导力行动框架

提升"抽象问题具象化,解决"认识理解难"和"实践提升难"的问题,连接学校课程"现实状态"与"理想状态"。通过课程制度文本的层级贯通,让学校课程愿景传导至教师和课堂,发挥引领作用,促进课程团队相互影响、彼此合作,最终深化认识、达成共识、明确方向。

以课例研究作为勾连课程制度文本和课堂实践的主要方法与关键技术。通过课例研究,一方面可以把课程领导力提升的隐性技术显性化,呈现项目学校课堂文化转型后的课堂新样态;另一方面,可以吸纳更多教师参与研究,逐步培育校本教研文化,带动更多教师专业成长,增强教师的获得感,实现人际专业影响与变革合力。

整个行动框架的运行体现行动研究的基本特征,历经"设计—实施—更新—再设计—再实施—再更新……"等过程,强调基于证据的持续改进,注重发挥课例研究成果对课程制度文本的反哺与更新作用。

(3) 建设促进知识共享的区域研究共同体

区项目组改变往常以"通知、布置、评比"为主的项目推进方式,探索以"专业引领、研修伴随、智慧传递、展示激励"的方式推进课程领导力项目研究。开展由不同主体参与的分层、分类、多层级项目研修,包括区域整体群、学段整体群、"领头羊"示范学校群、学校合作小组群等多种研修组合形式。

多层级研修设计体现知识管理理念,促进区域学校课程改革实践知识的"创新—提炼—分享—运用—提升—存储"。例如,"领头羊"学校率先实践示范,在专家引领指导下,进行先行先试;形成初步经验成果后,在区项目组支持下进行多轮集体研磨,共同致力于形成较为科学、成熟的研究"产品",例如课例研究报告、典型策略方法等;最后,"领头羊"学校面向全体项目学校进行展示、分享研究"产品",为其他学校实践研究提供支持和借鉴。区域依托多种形式的项目研究共同体建设,促进学校之间相互开放、积极互赖,让学校课堂文化转型的实践从"独自探索"到"合作共营",推动课程改革的"全区卷入"以及改革力量的交叉融合。

3. 研究成效

杨浦区第三轮课程领导力项目是杨浦区"十三五"教育发展规划中的重点项目,也是杨浦区推进教育综合改革的核心项目,30所项目学校、1200多名教师参与了研究,对区域教育发展具有重要的引领价值与实践意义。

作为推动课堂变革的间接力量,区域行政和教研部门对学校的课堂变革支持既不能缺位,彻底放手、任之自由发展;也不能越位,对学校的课堂变革大包大揽、越俎代庖。区域层面到底应该如何进行大规模的适度引领?这非常考验区域课程领导者的实践智慧。杨浦区的答案是:积极发挥专业影响力,通过课堂文化转型、课程制度文本、课例研究三大要素及其关联运行,促进学校课程领导共同体的愿景一致与价值认同,引发为实现课堂转型愿景而努力的共同行动。以课堂文化转型作为贯通"学校—教研组(学科)—教师(课堂)"三个层级的变革愿景和价值追求;以课程制度文本的设计、转化实施与更新改进作为贯通三个层级的实践引领和行动规范;以课例研究作为贯通三个层级的行动研究方式和能力提升保障。最终,使校长、教师、教研员等不同层级的课程领导主体在研究过程中不断相互影响,合作提升,全面释放区域和基层的变革活力,从而引发全区范围内的课堂转型行动。

经过多年实践探索形成的区校两级课程改革推进模式和课程改革文化,成为区域课改强有力的保障与助推,在普通高中"双新"推进、义务教育"双减"落实等工作中得到充分体现。2020年,杨浦区成功入选"国家级信息化教学实验区"和"普通高中新课程新教材实施国家级示范区"。

第二节
区域提升学校课程领导力的行动方略

区县一级的课程改革具有相对独立的变革形态,其课程领导力的提升对课程改革的顺利推进具有重要影响。在"上海市提升中小学(幼儿园)课程领导力行动研究"推进过程中,区域课程领导力的重要性越来越被广泛认同并得到关注。在2023年初启动的第四轮上海市课程领导力项目研究中,将提升区域课程领导力作为进一步需要突破的重点研究领域之一。

区域强有力的课程领导有助于打破学校变革的钝滞局面。区域提升课程领导力可选择的路径包括:设立新机构、新部门以引发组织规则的重构,推动变革愿景成为区域学校和教师的公共话语,建构学习型区域变革共同体,采用问责与能力建设相结合的政策工具等。[1] 从上海市黄浦区、杨浦区推进课程领导力项目研究的过程来看,以上行动方略均有采用,并体现出一些共性特征。

一、做"好"项目设计,精准确立项目研究核心追求

作为课程改革重大项目,区域提升学校课程领导力行动研究的项目选题是一种"择宜的艺术"。一方面,要顺应社会、时代发展趋势,落实国家和上海市课程改革的方针及要求;另一方面,要根据区域教育实际情况,把握区域课改的方向和节奏,厘定区域课改的重点和难点,在多种可能性中进行选择、折中与综合,继承与开拓并重,将改革目标定位在区域课程与教学的最近发展区内。

无论是黄浦区坚持"办人民满意的教育,办学生喜欢的学校",以特色课程建设为抓手,还是杨浦区继承发扬区域"创智课堂"建设成果和成效,以课堂文

---

[1] 安桂清,张雅倩.区域课程领导力提升的个案研究:以上海市杨浦区的实践探索为例[J].中国教育学刊,2018(5):73-79.

化转型为切入点,都是区域根据自身优势和发展目标所作出的区域层面的课程决策。

二、做"深"项目传播,把改革愿景告诉每一位教师

教育改革最持久的动力源于学校的内生力和教师的创造力,一个区域的课程改革要想实现突破,需要凝聚大多数人的力量和智慧。当校长和教师面对一个新的改革任务时,他们的自我系统首先要决定是否接受,当校长和教师出于种种原因封闭了自我系统时,改革就根本无法发生。换而言之,只有当校长和教师具有了尝试改革的兴趣和愿望时,学校的主动性和创造力才有可能被真正激发。如何让区域课程改革的愿景从少数人的理念观点变成多数人的想法与行动,真正获得广大教师的支持和投入,是区域项目推进必须应对的挑战。只有在这个环节上下足功夫,才能顺利推动后续项目研究。

无论是黄浦区还是杨浦区,在课程领导力项目启动之初,都开展了充分的政策分析和现状调研,以此作为证据,向区域校长、教师宣讲和解读"为何改、改什么、怎么改",促进形成课改共识。黄浦区通过对学生课程满意度的调查,让教师明白学生喜欢什么样的课程,同时提醒大家特色课程不仅要满足学生的需求、让学生喜欢,而且要引导学生积极成长,服务学生终身发展,进一步澄清了改革的价值追求;杨浦区通过对上海市中小学学业质量绿色指标评估结果的解读,让教师真切意识到课堂中存在不少高耗低效问题。

三、做"细"项目支持,建设从理念到实践的中介环境

首先,加强区域课程领导共同体建设,体现"共同愿景、积极互赖、团队学习、改变心智、自我超越"等学习型组织的基本特征。黄浦区把"核心在共享"作为区域项目推进的行动准则之一,定期组织各类展示研讨活动;杨浦区以"专业引领、研修伴随、智慧传递、展示激励"的方式推进课程领导力项目,分层分类开展各种类型的项目研修,把大家紧紧"团"在一起。富有支持性的改革环境不仅能够为学校和教师提供示范,同时也能激发教师对于研究任务的兴趣,缓解研

究过程中的压力和焦虑,保障课程改革的持续深入。

其次,课程改革需要技术支持,技术领导仍具有现实意义。[1] 理念如果没有经过技术的转化,永远只是一种思想,无法真正落到实处,不能转化为课程和教学行为。项目推进过程中,两个区的教育学院责无旁贷地承担起这一任务。例如,黄浦区项目组提炼了"特色课程开发的七项核心技术""中小学特色课程建设的十条建议"等;杨浦区项目组建构了"学校课堂文化转型的结构模型""提升学校课程领导力的行动框架"等。两个区都非常重视对区内学校实践研究成果的进一步萃取,提升研究成果的科学性、规范化、精致度和可操作性,形成机制和流程、策略和方法、工具和规格等,从点到面进行推广运用,为理念落地提供技术支持。

最后,区、校两级课程制度是促进从理念到实践的重要中介,无论是黄浦区还是杨浦区,都非常重视课程制度建设。黄浦区在特色课程建设中把制度建设放在核心位置,认为制度是提升学校课程领导力、提高区域教育整体发展水平的重要保障;并且进一步认识到,作为推进学校课程管理与实施的制度,显然与一般的制度有所不同,它可以以显性的课程管理条文存在,也可能是隐藏于学校教育教学过程之中,体现在教师行为方式上的共同约定。[2] 杨浦区在课程领导力行动研究中,把课程制度文本作为三大要素之一,是提升学校课程领导力的核心载体。

四、做"实"项目成果,让改革成效可循证、可感受

区域课改要落实,一个重要的抓手是促进课改成果的形成与完善。无论对于区域还是学校,课程改革都是一个过程,而不是一个事件。持续改进、迭代更新是课程改革的重要特征。项目研究是"有限目标、有限时间、有限资源"前提下的研究,需要设定一些具体的目标,以这些目标的达成作为项目完成的标志,形成一个对于区域课程发展而言"明确""确定"的课改成果或阶段,然后在此基

---

[1] 金京泽.学校课程领导力提升的"上海经验"[J].全球教育展望,2020(9):92-102.
[2] 邢至晖.区域课程图谱的制度支撑[J].教育家,2018(12):18-19.

础上启动新一轮优化更新,促进区域课程改革的螺旋式提升。

既要做"实"有形的课改成果,如建成信息化平台、出版重要成果、使系列制度常态化运行等,让改革成效可检测、可循证;也要做"实"无形的课改成果,如区域研修文化、共享的课改理念等,让改革成效可感受、可持续。推进课程改革,是将应然的课程目标转化为实然的课程结果的过程,更是将课程价值转化为课程文化的过程。

总体而言,区域推进领导力项目的行动方略,在一定程度上也能体现和印证"课程愿景-课程制度-课程文化"同心圆实践模型。此外,我们也需要认识到,教育创新是必要的,但并非所有学校都需要开展颠覆性教育改革。在这个社会发展日新月异、技术不断迭代更新的时代,教育创新是适应社会发展的必然要求,学校课程改革也是大势所趋。改革至少包括三种类型:第一种是颠覆性的革命,如暴风骤雨,摧枯拉朽;第二种是渐进式的改良,这是最常见的一类;第三种是点缀式的改变,如蜻蜓点水,通常改变不大,比较泛化。改革是循序渐进的行动,教育改革尤其应该谨小慎微。不能强求所有学校都必须立刻开展创新,更不能要求所有学校都开展颠覆性的教育改革。因为颠覆性的教育改革虽然具有一定的思想引领作用,但风险也较高。这类改革能否成功,取决于打破既有秩序后能否建立起一种行之有效的新秩序。

第十二章
提升学校课程领导力的学校实践

课程领导力扎根于学校,发力于教师,落实于课堂。学校是提升课程领导力的第一主体,前三轮"上海市提升中小学(幼儿园)课程领导力行动研究"有228所市级项目学校先后参与其中,区级项目学校更是数量众多。提升学校课程领导力已经成为上海市每一所中小学、幼儿园的行动自觉。

课程领导力产生于学校内部,可辐射至学校外部。项目研究过程中,涌现出上海市曹杨第二中学、上海市静安区教育学院附属学校、上海市黄浦区蓬莱路第二小学、上海市浦东新区冰厂田幼儿园等一大批在上海课程教学改革中具有影响力的示范学校(幼儿园)。学校的积极参与,让上海市课程领导力项目充满生机和活力;学校的实践探索,也持续深化着我们对于课程领导力的实践认识。

第一节
学校开展课程领导力项目研究的历程

自2010年起,上海市风华初级中学连续参加了三轮"上海市提升中小学(幼儿园)课程领导力行动研究"项目,目前正在开展第四轮研究。本节主要以风华初级中学为范例,对其三轮行动研究作描述和诠释,呈现学校提升课程领导力的行动历程。每一轮项目研究,学校都要同时开展两个项目的研究,限于篇幅,每轮只介绍其中一个子项目。①

经过十多年的研究历练,风华初级中学从原本一所并不是非常"显眼"的学校发展成为上海市一所颇具影响力的初中学校,成为一所在变革中能够不断自我超越、具有强大课程改革内生活力的示范性学校。

一、第一轮:学校课程规划的编制与完善

学校课程规划是学校转化落实国家课程方案和地方课程实施办法的具体体现,也是学校实现教育价值观和培养目标的有力保障。在第一轮"上海市提升中小学(幼儿园)课程领导力行动研究"中,将"学校课程规划的编制与完善"作为学校必选项目,引导学校通过课程规划促进对学校课程的系统设计和深入谋划,并通过规划文本的形式予以具体呈现,带动学校课程实践与课程发展。

在总项目引领下,风华初级中学的研究项目为"基于课程哲学分析的学校课程规划编制与完善"。"课程哲学"一词的内涵接近于学校课程愿景,体现学校课程的价值取向,进而影响着课程的决策与开发,是学校课程思想的核心。

1. 研究背景与意义

当时,风华初级中学在上海"二期课改"的浪潮中,积极落实国家"以学生发展为本"的课改理念,希望能够进一步变革学校原有的教育价值观,彻底摆脱应试教育倾向,真正实现以学生发展为本的课程育人追求。于是,学校提出"做最好的自己"的课程哲学,以提供满足学生个体差异性发展需求的教育资源作为学校发展的方向,让学校课程能够支持每一个学生"做最好的自己"。

2. 研究实践与探索

本轮项目研究经历了三个阶段,是学校不断丰富对"做最好的自己"课程哲学的内涵认识,明确课程发展目标,持续改进课程以促进课程目标实现的行动过程。

(1) 第一阶段

学校讨论确立了"做最好的自己"的第一个内涵维度——以最好为要求,这

---

① 本节中项目研究相关材料由上海市风华初级中学提供,有改动。

是基于素质教育的教育哲学观。学校课程的设置不能以应试为目的,而应更加关注培养学生的学习方法与学习能力,让学生"善学"并且"乐学"。

为了支持学生"善学"并且"乐学",学校着力解决原有课程实施中学生学习能力培养不够与相关课程资源不足的问题。首先,完善学校课程结构,要求数学、英语、历史等学科每两周拿出一个课时开设"学法指导"课程,并编制各学科"学法指导"课程纲要和"学科起始年级或衔接年级学法指导"课程纲要。其次,按照"达标""激潜""培优"三个层次对部分课程进行二次开发,丰富学校课程的层次性,满足不同学生的学习需求。最后,进一步丰富课程资源,建设了"316诗文语读写"①校本课程及相关网络平台等,让学生可以自主选择学习内容和学习形式,提升学生的学习兴趣。

(2) 第二阶段

学校讨论确立了"做最好的自己"的第二个内涵维度——以自己为标准,这是基于学习者为中心的教育哲学观。倡导因材施教,呵护学生个性发展,帮助学生完善自我。学校应是促进每个学生的特点、优势更加明显的场所,而不是把不同的学生变成相同的人的场所。

为此,学校进一步完善学校课程结构,丰富拓展型课程及社团活动,供学生自主选修,培养学生的一技之长,服务学生个性发展。同时,还建设了学生选课机制与网络平台等学校课程支持保障系统。

(3) 第三阶段

学校讨论确立了"做最好的自己"的第三个内涵维度——以发展为前提,这是基于"人的全面发展理论"的教育哲学观。学校教育在促进学生身体和智力发展的同时,还应重视包括精神上、道德上和情感上的全面和谐发展。

学校以积极心理学理论为指导,设计了适应学生需求的德育校本课程,分年级各有侧重(表12-1),促进学生心理健康和人格发展。

---

① "316诗文语读写"是学校一门校本课程的名称。其中,"诗"指的是300首古今中外经典诗词,"文"指的是100篇中外名家名篇或片段,"语"指的是600个常用成语典故,"316"是取了300、100、600这三个数的第一个数字组合而成。

表12-1 风华初级中学德育校本课程

课程目标		德育校本课程			
		六年级	七年级	八年级	九年级
做最好的自己	崇德尚礼	初中行规养成课程	家书长寄中国情	走进人大,寻访红色印迹	风华志愿行
		少先队活动课、法治教育类主题班会			
	身心向阳	心理活动课	健康行为大讲堂	"运动之魅"你我同行	我与未来有约
		安全教育类主题班会、生命教育类主题班会			
	开放尊重	我与优秀校友面对面	少年研学游	模拟联合国	少年先锋课程、媒介素养TED演讲
		环境教育类主题班会课、民族团结类主题班会课			
	美美与共	童"绘"中国梦	品读诗词之美	高雅艺术进校园	我与大家面对面
		少年工匠记			

3. 研究成效与收获

整体而言,本轮项目研究过程是学校"课程哲学认识深化-课程规划更新完善-课程实践行动跟进"三者交互联动的过程。课程哲学是学校课程规划编制的主要依据之一,课程哲学的深化认识促进学校对课程规划的审视和反思,发现课程存在的不足和发展的空间,启动课程完善的实践行动。

研究丰富了学校对于自身课程哲学的理解,使其成为"可喻之义"。起初学校提出"做最好的自己"时,只是一个笼统的概念,研究促进学校将"做最好的自己"具体化为"以最好为要求""以自己为标准""以发展为前提"三个内涵维度,并引领学校课程持续丰富和完善,也促进了学校教师对于学校课程哲学的理解和认同,提升了学校课程建设的方向性、凝聚力和创造力。

项目研究过程中,学校也实现了从"一张课表"到"一份课程规划"的转变。学校对于课程规划的含义、要素和价值功能有了深刻的认识,课程规划成为学校开展课程建设的核心制度,学校围绕课程规划的编制和实施建构了常规机制和流程,切实保障课程规划实践效用的真正发挥。

二、第二轮:综合主题课程的开发与实践

在第二轮课程领导力项目中,风华初级中学的研究项目为"初中'SET SAIL'综合主题课程开发与实施",研究的动因既有国家政策的要求,也有学校自身发展的需求。

其中,"SET"综合主题课程指向科学精神维度,培养学生科学(Science)、工程(Engineering)、技术(Technology)等素养;"SAIL"综合主题课程指向人文素养维度,培养学生表达与表现(Show)、能力与才华(Ability)、观点与理想(Idea)、语言与交际(Language)等素养。"SET SAIL"是分别取了这些素养的英文单词首字母拼合而成,也呼应学校"风帆-启航"的校徽标识。

1. 研究背景与意义

2014年,教育部印发《关于全面深化课程改革 落实立德树人根本任务的意见》,要求加强学科间的相互配合,发挥课程综合育人功能,不断提高学生综合运用知识解决实际问题的能力。根据文件要求,学校对课程建设现状进行了调研分析,发现存在"两多和两少":一是学校现有分科课程多,综合课程少;二是学生经历接受式学习多,实践性学习少。这些问题的存在,不利于学生创新精神和实践能力的培育。

因此,学校启动"初中'SET SAIL'综合主题课程开发与实施"研究项目,主要研究目标为:以薄弱环节为突破口,探索综合主题课程开发和实施的校本模式;以学校课程哲学为引领,通过综合主题课程的开发与实施促进学校育人目标的实现;建构综合主题课程开发与实施的机制流程,提升学校课程领导力。

2. 研究实践与探索

校本课程的开发主要有两种不同模式:一种是由教师基于自身兴趣、特长自发进行的开发;另一种则是通过学校顶层设计,组织教师或教师团队进行自上而下的开发。"SET SAIL"综合主题课程的开发采取自上而下和自下而上相结合的方式,最终形成横向关联、纵向有序的综合主题课程群。本轮项目研究,

学校主要立足课程要素推进项目研究,包括课程目标的确定、课程主题与内容的选择、课程实施方式的探索、课程评价的设计、课程开发路径的探索、资源建设和机制保障等,下面列举其中的三个维度。

(1) 综合主题课程的开发路径

风华初级中学是上海市航空特色学校,建设有一个市级的航空航天创新实验室。因此,学校首先开发了以航空为主题的"SET"综合主题课程,以培养学生科学素养、设计思维和动手实践能力作为主要课程目标。每个年级分别设立一个核心学习主题:六年级是"如何让一张纸飞起来",七年级是"如何在太空中生活",八年级是"建构一个太空小城市"。综合主题课程开发的基本路径如图12-1所示。

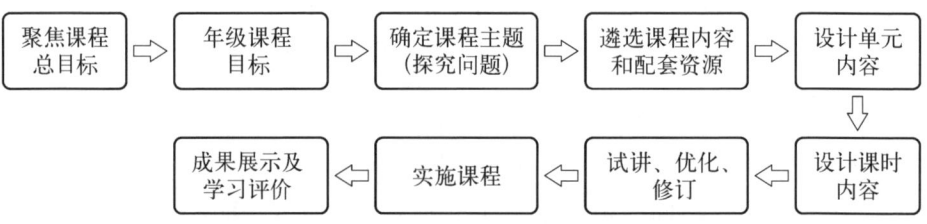

图12-1 风华初级中学综合主题课程开发的基本路径

以六年级"SET"课程中"如何让一张纸飞起来"学习主题为例,课程目标主要包括:提升在生活实践中发现问题的意识和能力;通过科学探究的方式分析影响纸飞起来的各种因素;通过学习、借鉴、设计、尝试等方式寻找解决实际问题的方法;在主题学习中学会合作,提升表达分享的能力等。"如何让一张纸飞起来"综合主题学习的课时安排和具体内容如表12-2所示。

(2) 综合主题课程的资源建设

综合主题课程倡导实践性学习与综合性学习,需要丰富的课程资源提供支持和保障。学校一方面促进学科课程资源与综合主题课程资源的融通共用,同时充分利用校园空间,建设了"SET"课程中心、"SAIL"课程中心、融媒体中心、屋顶花园中心等综合性学习课程中心(各个中心相关的课程及学习主题举例如表12-3所示),营造浓郁的学习氛围,提供丰富的实验和实践器材,全天候向学生开放。

表12-2 风华初级中学"如何让一张纸飞起来"综合主题学习内容

课时安排	具体内容	涉及学科
3	初次放飞纸飞机,发现并分析问题	物理 科学 地理 生物学 美术 劳动技术 道德与法治
3	探究影响因素:气候、大气	
2	探究影响因素:密度、势能	
2	了解飞行器仿生原理	
2	主题探究	
3	造型设计	
3	制作成品	
3	再次放飞纸飞机,通过TED演讲分享收获和成果	

表12-3 风华初级中学综合性学习课程中心简介

课程中心名称	相关课程	素养培育重点	学习主题举例	
			主题名称	涉及学科
"SET"课程中心	纸飞机、帆的奥秘、DIS实验、车模竞速、3D打印等	科学精神	帆的材质对帆船速度的影响	物理、科学、劳动技术
"SAIL"课程中心	戏剧、阅读、彩泥、舞蹈等	人文底蕴	江清月近人,缘何醉人心?	语文、艺术
融媒体中心	新闻课堂、德育课程、道德与法治、媒介素养等	社会学习	从"大事年表"看创新是改革开放的生命	道德与法治、历史
屋顶花园中心	生物学、地理、跨学科等	实践创新	校园绿化小当家	生物学、地理

与学科课程相比,综合主题课程的知识逻辑体系和结构较弱,侧重密切联系学生个人生活和社会生活,体现对知识的综合运用,解决真实情境中的复杂问题。实践探索中,教师认识到综合主题课程的开发是教师和学生在具体教育情境中共同合作、共同探索的过程。综合主题课程的许多课程资源不是事先预

设的,而是在课程实践中不断积累而成,每一轮课程实施中产生的学生作品、过程资料、典型个案等都可以成为下一轮课程实施的鲜活资源。伴随一轮又一轮的实施,课程逐渐成熟和丰富。

(3) 综合主题课程的机制保障

学校将"SET SAIL"综合主题课程纳入学校课程常态化管理中,强化了对综合主题课程的机制保障。一是建立了学校校本课程审议机制(图12-2),由校长、教师、学生、课程专家、家长等各方组成学校课程审议小组,制定审议原则和流程,定期开展课程审议,促进课程的持续优化,为学生提供高质量课程;二是建立了综合教研机制,成立综合主题课程教研组,和学科教研组一样定期开展校本教研;三是建立综合主题课程开发项目团队,形成项目化运行机制。由此,跨学科合作研修在风华初级中学逐渐成为一种常态,不同学科的教师在更多元的合作互动中相互影响、相互促进。

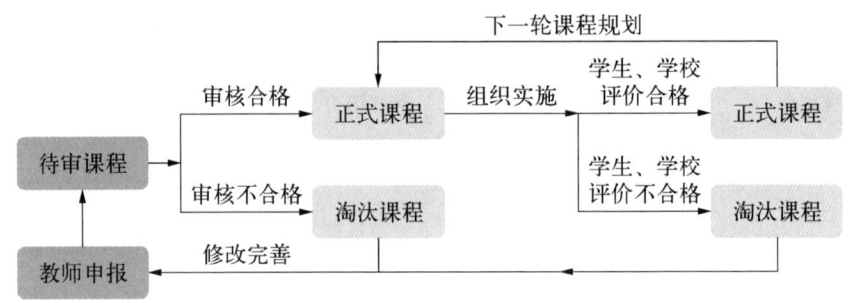

图12-2 风华初级中学校本课程审议机制

3. 研究成效与收获

在"做"项目的过程中,学校"尊重差异,促进成长"的办学理念和"做最好的自己"的育人目标进一步得到彰显和落实,在教师群体中达成共识,成为教师自觉的教育追求和具体的课程行动,切实提升了学校课程领导力。

(1) 进一步满足学生课程需求

通过项目研究,每个年级研发了约20个综合学习主题供学生选择修习,在课程质量和课程数量上满足学生个性化发展需求,支持学生"做最好的自己",实现学校育人目标。从学校课程整体设计而言,积累形成"国际视野、大家风范、科学精神('SET'课程)、人文素养('SAIL'课程)"四大类别的校本课程群,相互贯通,各有侧重,学校课程特色与育人特色愈加凸显。同时,学校校本课程不是孤立于学科课程之外,而是注重与学科课程有机整合,这也成为风华初级中学校本课程建设的独到经验,使学校课程更具系统性和整体性。

(2) 促进了一批教师的专业发展

一是促进了教师学生观的转变。有的教师发现一些平时调皮捣蛋的"学困生"在综合主题课程中大放异彩,这样的发现有力地扭转了教师对于学生的认知偏差,使教师更加深刻地认识到每个学生是不一样的个体,促进对学校"尊重差异,促进成长"办学理念的认同和内化。二是提升了教师课程设计和开发的能力。项目研究中,教师亲历了课程设计、实施、完善的全过程,积累了很多课程开发的策略和方法,参与学校课程建设的自我效能感显著提升。

(3) 学校课程领导共同体逐渐形成

学校逐渐完善的课程制度和运行机制,为教师之间的课程合作提供互动框架。综合主题课程的"综合性"为教师之间开展跨学科合作创设了很多共同的话题,教师参与学校课程建设的积极性与主动性不断增强,有时还能换位思考,为学校课程整体发展出谋划策。与此同时,学校校长等课程主要领导者也"顺势而为",把与课程相关的一些权力交给教师,例如在招聘新教师时给了教研组长很大的话语权,叠加交互之下学校课程分布式领导雏形初现。

三、第三轮:学科实践性学习设计与实施

风华初级中学在第二轮课程领导力项目"初中'SET SAIL'综合主题课程开发与实施"研究中,充分体会到综合性学习和实践性学习对于学生素养培育的重要意义。同时,学校也进一步认识到仅仅在校本课程中开展实践性学习,还远远不能满足学生的成长需求。因此,学校将第三轮课程领导力项目确定为"素养导向的初中学科实践性学习活动的序列设计与实施",主要是为了将实践性学习方式进一步推广运用到学科课程的教与学之中,服务学生核心素养的培育。

1. 研究背景与意义

项目研究的首要动因是贯彻落实国家政策的精神和要求。2019年,项目启

动时,中共中央、国务院印发《中国教育现代化2035》,提出要创新人才培养方式,推行启发式、探究式、参与式、合作式等教学方式,以及走班制、选课制等教学组织模式,培养学生创新精神与实践能力。同年,中共中央、国务院印发《关于深化教育教学改革　全面提高义务教育质量的意见》,提出要强化课堂主阵地作用,优化教学方式,切实提高课堂教学质量。两份政策文件都强调要坚持立德树人,优化教学方式,全面发展素质教育。

在政策文件指引下,学校认为有必要将综合主题课程开发与实施中积累的实践性学习方式向学科课程作迁移运用。对于学生学习而言,学科课程无论在学习内容还是学习时间上都占比最大,是影响学生学习状态的决定性因素。因此,本轮项目研究需要解决的根本问题是"将实践性学习嵌入学科日常教学之中",确保常态化实施,服务学生核心素养的培育。

2. 研究实践与探索

学校通过项目研究,力图破解学科知识、社会生活与学生经验割裂的难题,引导学生融会贯通地把知识应用到真实问题情境中,促进高阶思维形成,推动"教"与"学"方式的课堂变革。

学校组织全体教师开展了大规模实践性学习活动设计与实施,积累了138个实践案例。基于案例分析,对于实践性学习活动的内涵特征、活动序列、设计规格、实施路径等方面形成初步认识和成果,再经反复实践验证和优化完善,总结提炼形成较为成熟的系统化成果。

(1) 明确实践性学习活动的六个基本要素

依据"实践"所具有的直接现实性、自觉能动性、社会历史性三个基本特征,明确了"实践性学习活动"是指学生在真实情境中(对应直接现实性),综合应用所学知识解决问题,开展持续探究(对应自觉能动性),实现学科学习、生活经验和个体实践的融会贯通(对应社会历史性)。由此,形成了学校对实践性学习活动的校本认识。

基于案例研究,进一步明确了贯穿实践性学习活动全过程的六个基本要素(表12-4),为教师开展实践性学习活动设计提供基本依据。

表 12-4 实践性学习活动的六个基本要素

基本要素	要素指向
切入性事件	类似于导入活动,将主导性问题生动、直观、精准地介绍给学生,让学生进入问题思考解决状态。实践情境可以是真实的,也可以是仿真的
主导性问题	体现学科特征,问题应该与学科核心概念或原理等相关,可以是解决一个问题、解释一种现象、完成一项任务、创作一件作品、开展一项调查、策划一次活动等
自主性探究	学生亲历问题解决全过程,包括确定研究问题、收集相关资源、承担相应任务、制作最终产品等环节。为学习赋权,学生可以根据主观意愿,在一定范围内自主选择实践学习内容,控制实践学习进程,设计实践学习结果
持续性体验	学生需要提出问题,收集和解释数据,提出需要进一步探索的问题,开发和评估解决方案或为方案提供证据。探究不断发生、不断递进
表现性成果	可以是有形的产品,如调查报告、创意作品、设计制作、计划方案、实验报告等,也可以通过汇报、演讲、辩论等方式进行展示和分享
伴随式评价	不仅有对学习成果的评价,还包括对活动行为与表现、问题发现与解决、探究自主性与持续性等方面的过程性记录和评价

(2) 提炼实践性学习活动的四种基本样态

提炼归纳了四种较为典型的、普适性较强的实践性学习活动基本样态(表 12-5)。教师可根据具体学习内容和学生情况,以及驱动性学习任务的特征,选择其中一种或者综合使用多种样态。提供基本实施流程和工具,为教师能够设计吸引学生全过程投入的实践性学习活动提供支持。

表 12-5 实践性学习活动的四种基本样态

学习样态	基本实施流程
表达表现类	感受积累—主题分析—素材选择—加工组合—反思修改—美化演绎
实验探究类	发现问题—提出假设—设计规划—实验操作—观察记录—归纳总结

续表

学习样态	基本实施流程
设计制作类	明确目标—了解材料工具—规划路径/明确工艺流程—创新研发/加工创新—展示交流
社会参与类	探索与理解—分享与发现—遴选与构思—实践与记录—反馈与评价—改进与调整

(3) 建构学科实践性学习活动设计的可视化结构图

为了实现对各学科实践性学习活动的系统设计和整体把握，让不同学习主题之间能够相辅相成、螺旋式递进，学校组织学科教研组编制了17门学科的实践性学习活动设计的可视化结构图，具体包括"解读学科素养、细化分解目标、遴选实践活动、确定成果类型、设计活动评价"五个层次。

① 第一层——解读学科素养

在深入解读学科课程标准的基础上，根据学生实际学情和发展需求，进一步确立本校学生核心素养培育目标。

② 第二层——细化分解目标

将核心素养目标进一步分解成便于教师理解和操作的具体目标。根据不同学科的需求和教研组的研究经验，可以采用两种分解方式：一种是对照关键能力进行分解，如语文学科等；另一种是按照年级进行目标分解，如化学、艺术学科等。

③ 第三层——遴选实践活动

在大单元视角下，根据解构的目标遴选实践性学习活动，各活动相互关联，最终共同指向完整的能力要求。

活动的遴选主要基于三个标准：单元活动目标应紧扣年级分解目标，单元活动内容应贴近学生生活，单元活动形式应以学生实践为主。

活动之间的关联分为两种情况：一种是平行并列，即每个单元活动单独指向某个年级的某个分解目标，各自独立；另一种是螺旋式上升，即每个年级设计的活动不仅都指向该年级的核心素养，而且活动对于能力的要求和培养依次递进。

④ 第四层——确定成果类型

实践性学习活动周期较长,环节多,可以根据活动的目标与内容,以及学科本身的特色,选择多样的成果呈现形式,如作品制作、报告撰写、主题演讲、学习讨论、角色扮演、主题小报等。同时,组织展示活动,提供多元化展示平台,如网络媒体、班级交流、宣传板报、校级展演等,这既是对学生前一阶段的学习活动进行反馈,又为下一阶段的活动做铺垫。

⑤ 第五层——设计活动评价

评价主要包含两个方面:一是对学生的学习成果或产品进行评价,判断活动是否达成预期目标;二是对学生的学习过程和表现进行评价,尊重学生在实践性学习过程中的差异性体验和表现,同时也要有效促进学生对整个学习过程进行自我监控和反思。

3. 研究成效与收获

本轮课程领导力项目研究,风华初级中学更加关注课堂,研究成果中关于实践性学习的要素、流程、样态等都可以直接应用于教师教学行为的改进,引导教师更好地理解和落实国家课程改革的理念和要求。风华初级中学学科实践性学习研究成果总览如图12-3所示。

以上系列成果使实践性学习活动具备了"真情境、低结构、易嵌入、深融合"的特征,促进学科实践从碎片化走向系统化。其中,"真情境"是指以现实生活中的复杂问题情境为背景,促进学科知识与学生社会经验、生活经验之间的联系;"低结构"是指以课程标准规定的学科知识为基础,让每个学生都能参与并通过努力完成学习任务,获得学习体验;"易嵌入"是指可以直接嵌入学科教学之中,成为学生日常性学习样态;"深融合"强调的是促进学校课程整体育人,每门学科的实践性学习活动都体现系统性、层次性和完整性,服务学生全面发展,促进"五育"融合。

通过上海市中小学生学业质量绿色指标评价数据跟踪分析,风华初级中学学生的知识迁移与综合运用能力、预测观察与解释能力、问题解决能力呈现不断提升的发展态势。实践性学习彰显学生学习主体地位,丰富学生学习策略,加强知行合一,学思结合,促进"做中学""用中学""创中学",变革育人方式,有力提升学生学习品质。

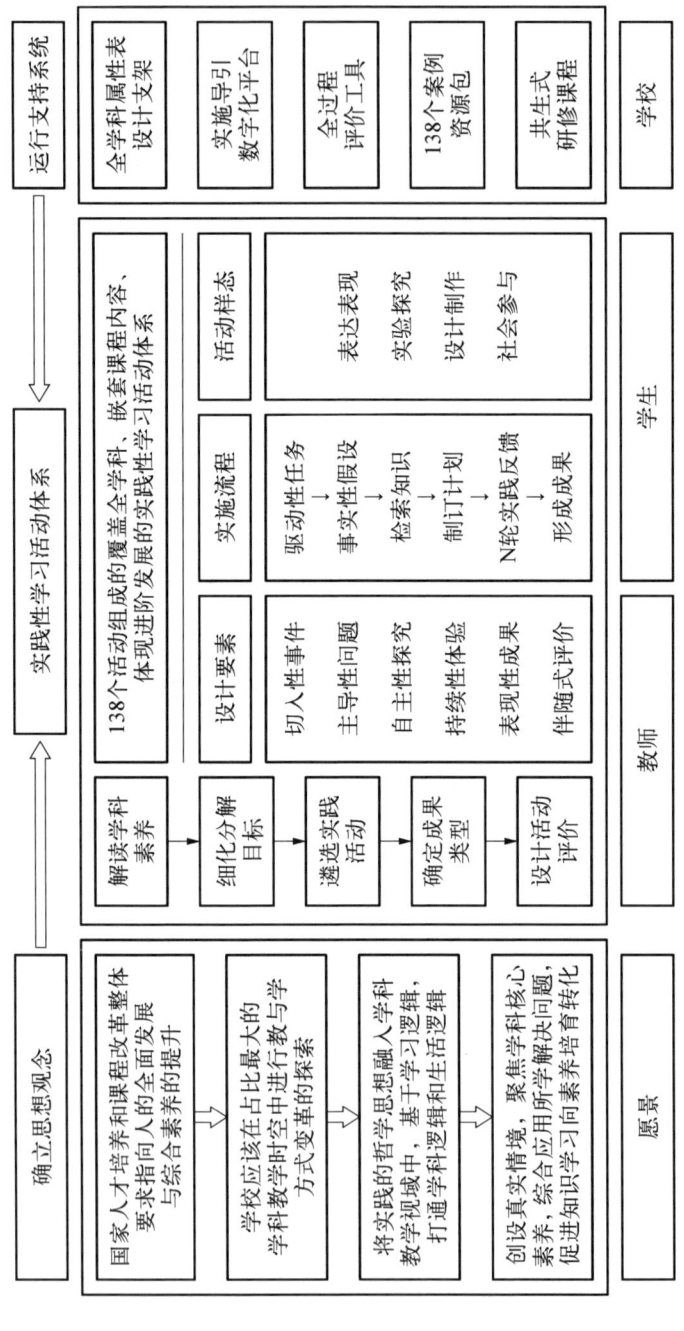

图 12-3 风华初级中学学科实践性学习研究成果总览

项目研究成果"素养导向的初中学科实践性学习活动的设计与实施"获2022年上海市优秀教学成果（基础教育）特等奖，2022年基础教育国家级教学成果奖二等奖。

第二节
学校开展课程领导力项目研究的启示

课程领导力是学校发展的永恒主题。课程领导力既不深奥，也不玄乎。它是一所学校所呈现出来的独特"气质"，当你走进这所学校，就能明显感受到它的存在。课程领导力是学校的"硬本领"，更是学校的"软实力"，是学校能够可持续发展的核心竞争力。

从聚焦课程价值引领的"基于课程哲学分析的学校课程规划编制与完善"研究，到聚焦学校课程设计的"初中'SET SAIL'综合主题课程开发与实施"研究，再到聚焦课程实施的"素养导向的初中学科实践性学习活动的序列设计与实施"研究，上海市风华初级中学持续十余年，前后开展三轮提升学校课程领导力行动研究，在"做"项目的过程中持续提升学校课程领导力。在"做最好的自己"学校课程愿景引领下，通过专业影响的方式，凝聚教师课程共识，形成全员合力，开展深入的课程实践，持续改进学校课程，实现学校课程目标，并逐渐积淀形成学校特有的课程制度、课程智慧和课程文化。

判断一项教学改革成功与否的标准不固定，也不唯一。对于风华初级中学这样一项长周期的课程领导力行动研究，可以佐证其改革成效的即时性证据和历时性证据有很多。其中，一个非常重要的证据是这所学校的办学规模在不断扩大，近十年中不断增设校区，学生和教师数量成倍增长，目前已发展成为上海市风华初级中学教育集团，学校课程教学质量始终保持高位稳定。这个证据应该是很有说服力的，证明家长、社会对这所学校建设质量和发展成效的高度认可。

一、在"国家政策的落实"中提升学校课程领导力

学校课程规划首先是基于国家课程政策的执行性行为，然后才是基于学校

实际的课程建设创新性行为。如何将"忠实执行"和"校本创新"有效结合，让创新处在国家课程政策允许的范围之内，让创新更好地服务国家课程政策的高质量实施，这是对学校课程领导力的重要考量。

风华初级中学在每一轮项目立项选题时，都会系统研读近期发布的与学校课程建设相关的各级各类政策文件，然后对照学校实践现状，梳理提炼出学校亟须解决的课程问题，界定问题内涵和边界，作为研究的重要依据和基础。在研究过程中，如果国家进一步出台相关指导意见，学校也会积极学习并主动吸纳、完善研究设计，以更好地落实国家课程政策。例如，在学校第二轮项目"初中'SET SAIL'综合主题课程开发与实施"研究过程中，教育部于2017年印发《中小学综合实践活动课程指导纲要》，提出该课程"是国家义务教育和普通高中课程方案规定的必修课程，与学科课程并列设置，是基础教育课程体系的重要组成部分。该课程由地方统筹管理和指导，具体内容以学校开发为主"，学校及时学习领悟文件精神，对正在开展的研究作适当调整，使其更加符合国家课程政策文件的规定和要求。

事实上，国家课程政策是一以贯之、持续推进的，很多新政策中的新要求，只是对以往要求的进一步具体和强化。例如，教育部颁布的《义务教育课程方案（2022年版）》强调促进学生综合化、实践性学习，这与课程改革一直倡导的自主、合作、探究的学习方式是一致的、连贯的。当学校始终认真开展探索实践时，偶然会发现自己已经走在"超前落实政策"的道路上。例如，当风华初级中学认识到学生学习存在"听讲做题多，体验探究少""被动学习多，主动学习少"等问题时，及时将综合主题课程建设中积累形成的实践性学习活动设计迁移运用到学科教学中，开展了大规模、立体化的深度实践探索，成为学校教师的"共同本领"。当2022年4月《义务教育课程方案（2022年版）》颁布时，学校发现自己的实践探索非常吻合国家提出的"大力倡导学科实践"的新要求，全校教师为之感到振奋和欣喜。

二、在"实践问题的解决"中提升学校课程领导力

课程改革要以课程实践问题为导向。问题是改革的起点，也是改革的动力

源。只有立足学校实践场域中的真实问题,课程改革才有其存在的意义,提升学校课程领导力才有方向感和价值感。风华初级中学前后三轮课程领导力行动研究,就是基于课程实践问题持续优化改进的过程。第一轮研究在国家课程改革理念指引下,进一步澄清了学校课程的价值追求,开启对学校课程的整体规划和设计;第二轮研究旨在促进学生综合学习、实践学习,从综合主题课程建设入手,在第一轮研究形成的学校课程整体框架下,逐步培育体现学校办学特色的课程育人体系;第三轮研究进一步聚焦课堂,立志将第二轮研究探索形成的实践性学习方式迁移运用至更广泛的学科课程实施过程中,促进学校课堂教与学方式的整体转型,服务学生创新精神和实践能力培养。学校三轮课程领导力项目研究,一方面从实际出发,聚焦课程实践中亟须解决的关键问题,坚持项目有限目标,倡导基于证据的实践改进;另一方面又层层递进,上一轮是下一轮的基础,下一轮是上一轮的深化,"一张蓝图绘到底,一茬接着一茬干",追求学校课程高质量发展。

风华初级中学在"实践问题的解决"中提升学校课程领导力的重要策略之一是注重学校课程制度建设。首先是编制系列化的课程制度文本,如第一轮研究中的学校课程实施规划,第二轮研究中的学校综合主题课程纲要,第三轮研究中的学科单元实践性学习活动设计方案;其次是制定这些制度文本实施运行的机制和流程,如学校课程规划研制流程、校本课程审议机制、综合教研制度等。

以课程制度为依托,在"实践问题的解决"中提升学校课程领导力,具有如下优势和可行性。

(1) 依托课程制度,让"问题解决"体现专业化思维。规划、纲要等课程专业制度文本的基本结构主要依据课程理论,立足课程基本要素,可以促进学校建立课程领导的专业化、结构性思维,全面准确地认知学校课程,精准聚焦课程关键要素、要素之间的逻辑关联以及课程的整体设计,最终引领学校课程建设走向专业化。

(2) 依托课程制度,让"问题解决"体现系统化思维。系统化思维将事物看成由相互联系、相互作用的要素构成的有机整体,在这一整体中,各要素之间的

"关系"发挥重要作用,决定着这一整体的功能和运行成效。从学校层面的"学校课程实施规划"到学科层面的"课程校本实施纲要",再到课堂层面的"单元或课时教学设计",系列化的课程制度文本能够牵引并支持学校对课程的系统思维,提供有形的思维载体,促进学校课程层层落实。此外,课程制度的运行机制,包括系统分析机制、系统设计机制和系统协调机制等,也能发挥对学校课程实施的系统化支持作用。

(3)依托课程制度,让"问题解决"体现常态化思维。常态化思维是指从现实情况出发,考虑事物能够进行日常性、持续性实践操作的思维取向。制度本身具有规范、引导、约束等功能,建立课程制度和实施机制,就是希望某种课程实践或行为能够常态化进行,依托课程制度是实现课程改革"常态化"的根本策略和基本途径。

三、在"更多教师的行动"中提升学校课程领导力

课程改革是一个典型的复杂巨系统,不仅要有国家政策的规划引领,而且要有学校的创新探索,还要有广大教师的实践生成,才能使国家课程改革各项要求真正落实到一线学校日常的教育教学实践之中。上海开展提升学校课程领导力项目研究的重要目标之一,是下移课改重心,充分发挥学校在课程改革中的主动性和创造性。同样,在学校提升课程领导力行动过程中,需要引发更多教师为了实现学校课程目标而主动参与和积极行动,这也是学校课程领导力的根本追求。

1. 要为"更多教师的行动"引领方向

对学校而言,有什么样的价值取向,就会有什么样的学校发展观,包括发展目标、发展思路和发展策略等,对学校实践产生根本性、全局性影响。风华初级中学充分学习领悟国家育人方针、课改要求和培养目标,结合学校实际确立了"尊重差异,促进成长"的办学理念和"做最好的自己"的课程哲学,凝练学校的价值取向,找准学校课程发展的方向与定位,实现学校课程发展的价值引领。

2. 要为"更多教师的行动"提供机会

风华初级中学在第一轮项目研究中的主要参与者是校长、中层干部和少数

相关教师,在第二轮研究中成立了六个综合主题课程开发项目组,在第三轮研究中让全体教师"卷入",不同专长的教师承担不同的研究任务。例如青年教师主要开展课例研究,学校内的"学科带头人"主要负责案例经验的提炼,由此创设了教师间因更多参与、合作、分享而产生专业影响的机会,形成共同价值引领下的具有趋同性的思维方式、行为方式和话语方式,带动学校课程文化的变革。

3. 要为"更多教师的行动"创设条件

就像学生之间存在差异一样,教师之间也存在明显差异。面对课程改革,教师一般需要经历从尝试到模仿、从模仿到变式、从变式到自主创新的过程。在这个过程中,每位教师的接受程度和实施能力是不同的,不是每位教师都能从容应对的。学校应该为教师的探索过程提供支持,让更多的教师能够赶上改革的"行进列车",在实践中体验、认知改革的价值和意义,从被动走向主动,最终引发价值认同下的行动自觉。例如,风华初级中学在第二轮和第三轮项目研究中,基于实践案例,提炼研发了各类支持教师开展课改实践的"脚手架"工具,包括综合主题课程的目标检核表、活动设计单和学生学习单、学生自评互评工具,以及学科实践性学习活动设计的基本要素、可视化结构图等,为"更多教师的行动"提供支持。

四、在"成功之上的成功"中提升学校课程领导力

课程难改,规模再小的课程变革也需要三至五年时间。[1] 课程改革需要付出专注和毅力,才能取得破茧而出的实质性突破,体验到改革的成功和喜悦。在"上海市提升中小学(幼儿园)课程领导力行动研究"项目推进中,仅仅参加过一轮研究的项目学校,往往只是"有点感觉";参加过两轮项目研究的项目学校,常常感到"有点进步";而参加过三轮项目研究的项目学校,却会发现"有点上瘾",按捺不住继续实践探索的决心和信心,勇于迎接课程改革的挑战,积淀了一套属于学校自己的推进课程与教学改革的方法论,成为学校持续发展的"硬本领"和"软实力"。

---

[1] 霍尔,霍德.实施变革:模式、原则与困境[M].吴晓玲,译.杭州:浙江教育出版社,2004:7.

这似乎又一次印证了组织变革的"S曲线"。[1] 学校一次次的课程改革或项目研究,应该设计为"成功之上的成功",简而言之就是要"乘胜追击"。学校项目研究不在于"多",而在于"精",寻找能真正撬动课程和教学整体变革的支点。同时,在上一轮项目研究尚未消退的时候,就应启动下一轮研究。只有在成功之上进行变革,才能使得每个参与者的效能感最强,试错的成本最小,成功的可能性最大。当然,项目研究并不是一定要研究全新的对象或全新的内容,也可以对学校关注的领域和实施的内容进行长周期、持续性研究,这种研究不是简单地重做一遍,而是通过研究促进隐性经验显性化,零散经验系统化,具体经验一般化,在不断积淀和澄清经验的过程中加深对教育的理解,完善教育教学行为。

这也同样印证了学校课程文化的形成需要久久为功。十多年的长周期行动研究,使学校师生员工对自己学校课程文化的来历、形成过程、文化特点和发展取向了如指掌,并经历认真思考或反省。唯有如此,方能让课程改革成为无须提醒的文化自觉,成为一种稳定的样态,在校园中自然发生,逐渐形成我们想要的"最美的风景",最终促进每一个学生全面、个性而快乐地成长。

---

[1] 傅瑶,孙玉涛,刘凤朝. 美国主要技术领域发展轨迹及生命周期研究:基于S曲线的分析[J]. 科学学研究,2013(2):209-216.

后　　记

这本书已在脑海酝酿了两三年,今天终于完成。本以为写完就不会再有牵绊,却发现不然。研究还在继续,尚未搁笔,许多新的思考又已跃出。

这本书的诞生,要感谢很多人。感谢上海市教育委员会教学研究室王洋、纪明泽、陆伯鸿等领导和同事,不仅推动项目研究,并且给予高度的专业引领。感谢王洋主任为本书作序。感谢上海市教育学会徐淀芳副会长,在担任上海市教育委员会教学研究室主任期间,主持项目研究,倾注许多智慧和精力。感谢华东师范大学胡惠闵教授,作为总项目指导专家,十余年如一日陪伴我们一起走过,这本书的很多观点受启发于胡老师发表的论著。感谢上海市浦东教育发展研究院顾志跃研究员,自从参加上海市普教系统"双名工程"自然学科培养基地的学习,顾老师的指导从未间断。感谢上海市教师专业发展工程领导小组办公室的支持与指导。感谢各区和每一所项目学校的校长及老师们,书中所说的一切都是向大家学习的结果,生动的实践总是教育最美的图景。感谢每一位给予我鼓励和支持的"您",遇见你们是我的幸运。

记得有位老师在一轮项目研究结束时说:"课程领导力是有神的,因为它蕴含了校长与其团队的思想;课程领导力也是有形的,它确实形成了不少符合实际需要的坚实成果;课程领导力更是有情的,因为它是一种陪伴,其中充满了情感交融与不计其数的感动。"

我也深以为然。

张玉华

2023年9月于陕西北路500号

图书在版编目(CIP)数据

提升学校课程领导力的上海行动 / 张玉华著. —上海：上海科技教育出版社，2024.5
ISBN 978-7-5428-8005-5

Ⅰ.①提… Ⅱ.①张… Ⅲ.①课程－教学改革－研究－中小学－上海 Ⅳ.①G632.3

中国国家版本馆CIP数据核字(2023)第151658号

责任编辑　蔡　洁
封面设计　李梦雪

提升学校课程领导力的上海行动
张玉华　著

出版发行		上海科技教育出版社有限公司
		（上海市闵行区号景路159弄A座8楼　邮政编码201101）
网	址	www.sste.com　www.ewen.co
经	销	各地新华书店
印	刷	上海华顿书刊印刷有限公司
开	本	720×1000　1/16
印	张	14.25
版	次	2024年5月第1版
印	次	2024年5月第1次印刷
书	号	ISBN 978-7-5428-8005-5/G·4765
定	价	60.00元